D0733366

ANTOINE BLOOM

Prière vivante

Traduit de l'anglais
par Jacques MIGNON

LES ÉDITIONS DU CERF
29, boulevard Latour-Maubourg, Paris-7ᵉ
1978

Introduction

Pour moi, prier c'est entrer en relation avec Quelqu'un. D'abord incroyant, j'ai découvert Dieu un beau jour et il m'est apparu immédiatement comme la valeur suprême et la signification plénière de la vie, mais en même temps comme une personne. Je pense que la prière ne peut avoir aucun sens pour celui qui n'a personne à prier. On ne peut apprendre à prier à celui qui n'a pas le sens du Dieu vivant ; on peut lui apprendre à se comporter comme s'il croyait, mais ce ne sera pas cette attitude spontanée qu'est la véritable prière. Voilà pourquoi, en introduction à ce livre sur la prière, je voudrais dire ma certitude de la réalité personnelle d'un Dieu avec qui on peut entrer en relation. Je demande donc à mon lecteur de traiter Dieu comme un proche, comme quelqu'un, et d'attacher à cette connaissance, la même valeur que celle qu'il attache à sa relation avec un frère ou un ami. Pour moi, cela est essentiel.

L'une des raisons pour lesquelles la prière communautaire ou personnelle nous paraît si morne ou si conventionnelle est qu'il y manque trop souvent l'acte même de prier qui naît dans le cœur en communion avec Dieu. Toute expression, qu'elle soit verbale ou gestuelle, peut aider, mais elle n'est que l'expression de l'essentiel, à savoir le profond silence de la communion.

Tous nous savons bien que, dans nos relations humaines, amour et amitié n'atteignent leur profondeur que lorsque nous pouvons demeurer en silence avec l'autre. Tant que l'on a besoin de parler pour garder le contact, on peut présumer à coup sûr, et avec tristesse, que la relation est encore superficielle ; aussi, si nous voulons prier Dieu, devons-nous apprendre avant tout à nous sentir bien, dans le silence, auprès de lui. C'est là chose plus aisée qu'on ne le penserait d'abord ; il y faut un peu de temps, de la confiance et le courage de s'y mettre.

Le curé d'Ars demandait un jour à un vieux paysan ce qu'il faisait, assis durant des heures dans l'église, apparemment sans prier ; le paysan répondit : « Je l'avise et il m'avise et nous sommes heureux ensemble. » Cet homme avait appris à parler à Dieu sans briser par des mots le silence de l'intimité. Si nous sommes capables de cela, nous pouvons utiliser n'importe quelle forme de prière. Mais si nous essayons de créer la prière à partir des mots dont nous nous servons, nous deviendrons désespérément las de ces mots, car à moins qu'ils n'aient la profondeur du silence, ils sont superficiels et fastidieux.

Mais comme les mots peuvent être source d'inspiration dès lors qu'ils sont authentifiés par le silence et pénétrés de l'esprit qui convient !

« Seigneur, ouvre mes lèvres, et ma bouche publiera ta louange. » (Ps 51, 17).

I

L'essence de la prière

Dès ses premières pages, l'évangile selon saint Matthieu nous révèle l'essence même de la prière. Les Mages ont vu l'étoile longtemps attendue ; sans délai, ils se sont mis en route vers le roi annoncé ; ils arrivent à la crèche, tombent à genoux, se prosternent et offrent leurs présents : ils expriment la prière dans sa perfection, qui est contemplation et adoration.

On nous dit bien souvent, dans une littérature plus ou moins populaire consacrée à la prière, que celle-ci est une aventure captivante. C'est un lien commun que d'entendre dire : « Venez apprendre à prier ; prier est si intéressant, si passionnant, c'est la découverte d'un monde nouveau ; vous rencontrerez Dieu, vous trouverez le chemin de la vie spirituelle. »

Bien sûr, en un sens, c'est vrai ; mais dans ce genre de propos on oublie quelque chose de beaucoup plus important : c'est que la prière est une aventure dangereuse et qu'on ne peut l'entreprendre sans risque. Comme le dit l'Épître aux Hébreux, c'est une chose effroyable de tomber aux mains du Dieu vivant (He 10, 31). Chercher délibérément à affronter le Dieu vivant est donc une aventure redoutable : toute rencontre avec Dieu est, en un certain sens, un jugement dernier.

Chaque fois que nous nous présentons en face de Dieu,
que ce soit dans les sacrements ou dans la prière, nous
faisons quelque chose de très dangereux puisque, selon
les mots de l'Écriture, Dieu est un feu. A moins que
nous ne soyons prêts à nous livrer sans réserve au feu
divin et à devenir ce buisson ardent qui brûlait au désert
sans jamais se consumer, nous n'en sortirons pas indem-
nes, car l'expérience de la prière ne peut être connue
que de l'intérieur, et on ne badine pas avec elle.

S'approcher de Dieu, c'est toujours découvrir à la
fois sa beauté et la distance qui nous sépare de lui.
« Distance » est d'ailleurs un mot inadéquat, car elle
n'est pas déterminée par le fait que Dieu est saint et
que nous sommes pécheurs. La distance est déterminée
par l'attitude du pécheur envers Dieu. Nous ne pouvons nous approcher de Dieu que si nous le faisons en
étant conscients de venir en jugement. Si nous faisons
cette démarche après nous être condamnés nous-
mêmes ; si nous allons vers lui parce que nous l'aimons
en dépit du fait que nous sommes infidèles ; si nous
nous approchons de lui en le préférant à une sécurité
païenne, alors nous sommes ouverts à lui et lui à nous,
et il n'y a pas de distance ; le Seigneur vient à nous,
très proche, en un geste de compassion aimante. Mais
si nous nous tenons devant Dieu drapés dans notre orgueil et nos prétentions, si nous nous dressons devant lui
comme si nous avions le droit d'être là, si nous nous
plantons là et le mettons en demeure de nous répondre,
alors la distance qui sépare la créature du créateur devient infinie. Dans un passage de *Tactique du Diable* [1],

1. Coll. « Foi Vivante », Paris, 1967.

C.S. Lewis suggère que la distance, en ce sens, est chose relative : quand l'archange se présenta devant Dieu pour l'interroger, au moment même où il posa sa question — non pour chercher à comprendre dans l'humilité mais pour exiger de Dieu une réponse — il se trouva à une distance infinie de Dieu. Ni Dieu ni Satan n'avaient fait un pas, et pourtant, sans qu'il y ait eu déplacement, voilà qu'ils se trouvaient séparés par une distance infinie (Lettre XIX).

Chaque fois que nous nous approchons de Dieu, le contraste entre ce qu'il est et ce que nous sommes devient tragiquement évident. Nous pouvons bien ne pas en être conscients, aussi longtemps que nous vivons loin de Dieu, aussi longtemps que sa présence ou son image demeure floue dans nos pensées et nos perceptions ; mais plus nous nous approchons de Dieu, plus le contraste apparaît avec acuité. Ce n'est pas la considération incessante de leurs fautes, mais la vision de la sainteté de Dieu qui rend les saints conscients de leur péché. Lorsque nous nous regardons nous-mêmes sans tenir compte du champ lumineux de la présence de Dieu, péchés et vertus perdent de leur poids et deviennent des choses finalement assez insignifiantes ; il faut qu'ils se détachent sur le fond de la présence divine pour prendre tout leur relief, acquérir leur profondeur et leur tragique.

Chaque fois que nous nous approchons de Dieu, c'est à la vie ou à la mort que nous sommes confrontés. La vie, si nous venons vers lui dans l'esprit requis, et si nous nous laissons renouveler par lui. La mort, si nous nous présentons sans esprit de prière et sans un cœur contrit ; la mort, si nous apportons avec nous or-

gueil ou arrogance. C'est pourquoi, avant de nous em-
barquer dans cette aventure de la prière, que l'on dit
passionnante, on ne redira jamais assez que rien ne peut
nous arriver de plus fondamental et de plus redoutable
que la rencontre de ce Dieu vers qui nous nous mettons
en route. Il est essentiel de comprendre que nous lais-
serons notre vie dans cette aventure : le vieil Adam que
nous sommes doit périr. Nous sommes viscéralement
attachés au vieil homme, nous avons peur pour lui, et
il est très difficile, non seulement au début mais durant
des années, d'éprouver que nous sommes totalement du
côté du Christ, contre le vieil Adam.

La prière est une aventure qui n'apporte pas seulement de passionnantes émotions, mais des responsabi-
lités nouvelles : aussi longtemps que nous demeurons
ignorants, rien ne nous est demandé ; mais dès lors que
nous savons quelque chose, nous devons répondre de
l'usage que nous faisons de cette connaissance. Sans
doute est-elle un don, mais nous sommes responsables
de la moindre parcelle de vérité acquise ; elle devient
nôtre, et nous ne pouvons la laisser inemployée, elle doit
informer notre comportement, et en ce sens nous devons répondre de toute vérité reçue et assimilée.

Ce n'est qu'avec un sentiment de crainte, d'adoration,
avec une extrême vénération que nous pouvons aborder
cette aventure de la prière, et notre comportement extérieur doit le manifester aussi totalement et de manière
aussi précise que possible. Il ne suffit pas de nous en-
foncer dans un fauteuil et de dire : « Bon, plaçons-
nous face à Dieu en un acte de vénération. » Il nous
faut prendre conscience que si le Christ était là devant
nous, nous nous comporterions autrement, et nous de-

vons apprendre à nous tenir dans la présence du Seigneur invisible comme nous le ferions face au Seigneur présent dans sa chair.

Ceci implique d'abord une attitude d'esprit, puis sa traduction corporelle. Si le Christ était là, devant nous, et que nous nous tenions totalement transparents à son regard, aussi bien dans l'esprit que par le corps, nous éprouverions révérence, crainte de Dieu, adoration, ou peut-être terreur, mais en tout cas nous ne nous montrerions pas aussi détendus dans notre comportement. Le monde moderne a pour une bonne part perdu le sens de la prière, et les attitudes physiques sont devenues tout à fait secondaires dans l'esprit des gens, alors qu'elles sont rien moins que telles. Nous oublions que nous ne sommes pas une âme habitant un corps, mais un être humain, fait de corps et d'âme, et que nous sommes appelés, selon saint Paul, à glorifier Dieu dans notre esprit et dans notre corps ; nos corps aussi bien que nos âmes seront appelés à la gloire du royaume de Dieu (1 Co 6, 20).

Trop souvent, la prière n'a pas dans nos vies une importance telle que tout le reste doive s'effacer pour lui faire place. La prière vient en plus de beaucoup d'autres choses ; nous désirons la présence de Dieu, non parce qu'il n'y aurait aucune vie sans lui, non parce qu'il est la valeur suprême, mais parce que ce serait bien agréable, outre tous les dons que nous recevons de Dieu, d'avoir aussi sa présence. Il fait nombre avec nos besoins, et quand nous le recherchons dans cet esprit-là, nous ne le rencontrons pas. Pourtant, malgré tout ce qui vient d'être dit, la prière, aussi dangereuse qu'elle paraisse, est la voie la meilleure vers l'accomplissement de notre vocation, celle qui nous permet de devenir pleinement hommes, c'est-à-dire en totale communion avec Dieu et, en fin de compte, comme le dit saint Pierre, participants de la nature divine.

Amour et amitié ne peuvent croître si nous ne leur sacrifions beaucoup, et de la même façon nous devons être prêts à renoncer à beaucoup de choses pour donner à Dieu la première place.

« Tu aimeras le Seigneur, ton Dieu, de tout ton cœur, de toute ton âme, de toute ta force et de tout ton esprit » (Lc 10, 27). Cela semble un commandement simple, mais ces mots contiennent beaucoup plus qu'il n'y paraît à première vue. Nous savons tous ce que c'est que d'aimer quelqu'un de tout son cœur ; nous savons quel plaisir procure non seulement la rencontre mais la simple pensée de l'être aimé, quelle chaleur nous emplit. C'est de cette façon qu'il nous faut chercher à aimer Dieu, et chaque fois que son nom est mentionné, il devrait emplir notre cœur et notre âme d'une chaleur infinie. Dieu devrait être sans cesse présent à notre esprit, alors que nous ne pensons à lui qu'occasionnellement.

Quant à aimer Dieu de toute notre force, nous ne pouvons le faire qu'en écartant délibérément de nous tout ce qui, en nous, n'est pas de Dieu ; par un effort de volonté nous devons nous tourner sans cesse vers Dieu, soit dans la prière, ce qui est plus facile, car dans la prière nous sommes déjà centrés sur Dieu, soit dans l'action, ce qui demande de l'entraînement, car dans nos actions nous sommes tournés vers quelque résultat pratique et devons le consacrer à Dieu par un effort particulier.

Les Mages eurent une longue route à parcourir, et

nul ne sait quelles difficultés ils durent surmonter.
Comme eux, chacun de nous est un voyageur. Ils étaient
chargés de présents, de l'or pour le roi, de l'encens pour
le Dieu, de la myrrhe pour l'homme qui devait souffrir
la mort. Où pouvons-nous trouver l'or, l'encens et la
myrrhe, nous qui devons tout à Dieu ? Nous savons que
tout ce que nous possédons nous a été donné par Dieu
et n'est même pas à nous pour toujours, ni de façon certaine. Tout peut nous être ôté, sauf l'amour, et c'est ce
qui fait de l'amour quelque chose d'unique, la seule
chose que nous soyons en mesure de donner. Tout le
reste, membres, intelligence, biens, peuvent nous être
arrachés de force, mais l'amour, on ne peut l'obtenir de
nous que par le don. En ce sens, nous sommes libres par
rapport à l'amour comme nous ne le sommes vis-à-vis
d'aucune autre activité de l'âme ou du corps. Bien que,
fondamentalement, l'amour lui aussi soit don de Dieu,
car nous ne pouvons l'engendrer de nous-mêmes, dès
lors que nous le possédons, il est la seule chose que nous
puissions retenir ou donner.

Bernanos écrit, dans le *Journal d'un curé de campa-
gne*, que nous pouvons aussi offrir à Dieu notre orgueil :
« Donne ton orgueil avec tout le reste, donne tout. »
L'orgueil offert dans ce contexte devient un don
d'amour, et tout ce qui est don d'amour plaît à Dieu.

« Aimez vos ennemis, priez pour vos persécuteurs »
(Mt 5, 44), c'est un commandement qui peut être plus
ou moins facile à respecter ; mais pardonner à ceux qui
font souffrir ceux que nous aimons est tout à fait différent, et beaucoup ressentent cela comme une déloyauté.
Pourtant, plus notre amour pour celui qui souffre est
grand, plus est grande notre capacité de partage et de

pardon ; et en ce sens on atteint au plus grand amour
quand on peut dire avec Rabbi Yehel Mikhael : « Je
suis mon bien-aimé. » Aussi longtemps que nous en restons au « Je » et au « Lui » nous ne partageons pas la
souffrance et ne pouvons l'accepter. Au pied de la
croix, la Mère de Dieu n'était pas en larmes, comme on
nous le montre si souvent dans la peinture occidentale ;
elle était si totalement en communion avec son fils qu'il
n'y avait en elle aucun motif de révolte. Elle était cru-
cifiée avec le Christ, elle vivait sa propre mort. La mère
accomplissait là ce qu'elle avait commencé au jour de la
présentation au Temple, lorsqu'elle avait fait don de son
fils. Seul, de tous les enfants d'Israël, il avait été accepté
comme sacrifice sanglant. Et elle, qui l'avait apporté
ce jour-là, acceptait maintenant la conséquence de son
geste rituel désormais accompli dans la réalité. Comme
il avait été alors en communion avec elle, elle était
complètement en communion avec lui maintenant et il
n'y avait en elle aucun motif de révolte.

C'est l'amour qui nous fait un avec l'objet de notre
amour et qui rend possible un partage sans réserve, non
seulement de la souffrance mais aussi de l'attitude envers la souffrance et le bourreau. Il est impossible
d'imaginer la Mère de Dieu, ou Jean le disciple, pro-
testant contre ce qui était la volonté explicite du Fils de
Dieu crucifié. « On ne m'ôte pas la vie, je la donne
de moi-même » (Jn 10, 18). Il mourait de son plein
gré pour le salut du monde ; sa mort était le salut, et
c'est pourquoi ceux qui croyaient en lui et voulaient lui
être unis pouvaient partager la souffrance de sa mort,
pouvaient subir avec lui la passion ; ils ne pouvaient la
rejeter, ils ne pouvaient se retourner contre la foule

qui avait crucifié le Christ, car cette crucifixion était la volonté du Christ lui-même.

Nous pouvons protester contre la souffrance de quelqu'un, nous pouvons nous insurger contre la mort de quelqu'un, soit que lui-même, à tort ou à raison, la refuse, soit que nous ne partagions pas son intention et son attitude envers la mort et la souffrance ; mais alors notre amour pour cette personne est un amour qui ne va pas jusqu'au bout et qui crée la séparation. C'est le genre d'amour dont Pierre fait preuve lorsque Jésus, sur le chemin de Jérusalem, dit à ses disciples qu'il marche vers la mort : « Alors Pierre, le tirant à lui, se mit à le morigéner. Mais lui, se retournant, admonesta Pierre et lui dit : « Passe derrière moi, Satan, car tes pensées ne sont pas celles de Dieu, mais celles des hommes » (Mc 8, 33). Nous pouvons imaginer que la femme du larron à la gauche du Christ se révoltait contre la mort de son époux autant que lui-même ; à cet égard, il y avait entre eux entière communion, mais ils se retrouvaient dans une même attitude erronée.

Partager avec le Christ sa passion, sa crucifixion, sa mort, signifie accepter sans réserve tous ces événements, dans le même esprit que lui, c'est-à-dire les accepter en un acte de volonté libre, souffrir avec l'homme de douleur, être là en silence, le silence même du Christ, coupé seulement de quelques mots décisifs, le silence de la vraie communion ; non pas seulement le silence de la pitié, mais celui de la compassion, qui nous permet d'atteindre l'unité totale avec l'autre, de telle sorte qu'il n'y a plus moi et lui, mais une seule vie et une seule mort.

A maintes occasions au cours de l'histoire, des hom-

mes et des femmes subirent la persécution, et au lieu de
manifester leur peur, prirent sans révolte leur part de
souffrance ; par exemple Sophie, la mère qui se tenait
près de ses trois filles, Foi, Espérance et Charité, les
encourageant à mourir, ou nombre d'autres martyrs qui
s'aidaient les uns les autres sans jamais se tourner contre
leurs tortionnaires. L'esprit du martyre peut être mis
en évidence par plusieurs exemples. Le premier exprime
l'esprit du martyre en soi, son attitude fondamentale :
un esprit d'amour qui ne peut être vaincu par la souffrance ou l'injustice. On demanda un jour à un prêtre
qui avait été jeté très jeune en prison par les Soviets, et
en était sorti brisé, ce qui restait de lui : « Il ne reste
rien de moi, ils ont tout détruit, seul l'amour survit. »
Un homme capable de dire cela a l'attitude juste, et
quiconque prend part à son drame doit aussi partager
son invincible amour.

Il y a aussi l'exemple de cet homme qui, revenant de
Buchenwald, déclarait que ses souffrances n'étaient rien
en comparaison de la peine atroce qu'il éprouvait pour
ces jeunes Allemands capables d'être aussi cruels, et
qu'il ne pouvait trouver le repos en songeant à l'état de
leurs âmes. Après avoir passé quatre ans là-bas, ce
n'était pas à lui-même qu'il pensait, ni aux innombrables victimes qui avaient souffert et étaient mortes autour de lui, mais au sort de ses bourreaux. Ceux qui
avaient souffert étaient du côté du Christ, ceux qui les
avaient fait souffrir n'y étaient pas.

Troisième exemple, cette prière écrite dans un camp
de concentration par un Juif déporté :

Paix à tous les hommes de mauvaise volonté ! Que toute

vengeance cesse, tout appel au châtiment et à la rétribu-
tion... Les crimes ont dépassé toute mesure, tout entendement. Il y a trop de martyrs... Aussi, ne mesure pas leurs
souffrances aux poids de ta justice, Seigneur, et ne laisse
pas ces souffrances à la charge des bourreaux pour leur
extorquer une terrible facture. Qu'ils soient payés en retour
d'une autre manière. Inscris en faveur des exécuteurs, des
délateurs, des traîtres et de tous les hommes de mauvaise
volonté, le courage, la force spirituelle des autres, leur
humilité, leur dignité, leur lutte intérieure constante et leur
invincible espérance, le sourire qui étanchait les larmes, leur
amour, leurs cœurs brisés qui demeurèrent fermes et confiants face à la mort même, oui, jusqu'aux moments de la
plus extrême faiblesse... Que tout cela soit déposé devant
toi, ô Seigneur, pour le pardon des péchés, rançon pour le
triomphe de la justice ; que le bien soit compté, et non le
mal ! Et que nous restions dans le souvenir de nos ennemis
non comme leurs victimes, non comme un cauchemar, non
comme des spectres attachés à leurs pas, mais comme des
soutiens dans leur combat pour détruire la furie de leurs
passions criminelles. Nous ne leur demandons rien de plus.
Et quand tout cela sera fini, donne-nous de vivre, hommes
parmi les hommes, et que la paix revienne sur notre pauvre
terre — paix pour les hommes de bonne volonté et pour
tous les autres [2]...

Evoquons encore cet évêque russe, déclarant que
c'est un privilège pour un chrétien de mourir martyr,
car seul le martyr peut, au jugement dernier, se tenir
devant le siège de Dieu et dire : « Selon ta parole et ton
exemple, j'ai pardonné. Tu n'as plus contre eux aucune
doléance. » En d'autres termes, celui qui souffre le

---

2. Texte retrouvé dans les archives d'un camp de concentration allemand et publié par la *Süddeutsche Zeitung*.

martyre pour le Christ, dont l'amour triomphe de la souffrance, acquiert un pouvoir de pardon inconditionnel sur son persécuteur. Et ceci peut être appliqué à un niveau beaucoup plus terre à terre, celui de la vie quotidienne ; quiconque souffre une injustice mineure de la part d'autrui peut ou pardonner ou refuser de pardonner. Mais c'est une épée à deux tranchants : si vous ne pardonnez pas, vous ne serez pas pardonnés.

Les catholiques français, avec leur sens aigu de la justice et de l'honneur de Dieu, sont très conscients de la victoire que le Christ peut remporter grâce à la souffrance des hommes : il existe depuis 1797 un Ordre de la Réparation qui, par l'adoration perpétuelle du Saint-Sacrement, implore le pardon pour les crimes du monde, et le pardon des pécheurs grâce aux prières de leurs victimes. Cet Ordre a aussi des fins éducatives et cherche à donner aux enfants et aux adultes l'esprit d'amour.

Voici encore une histoire typique, celle du général français Maurice d'Elbée pendant la guerre de Vendée ; ses hommes avaient capturé quelques *Bleus* et voulaient les fusiller ; le général, contre son gré, dut y consentir, mais il insista pour que fût d'abord récitée à haute voix la prière du Seigneur. Lorsque ses hommes en arrivèrent aux mots : « Pardonne-nous nos offenses comme nous pardonnons à ceux qui nous ont offensés », ils comprirent et, très émus, relâchèrent leurs prisonniers. Plus tard, en 1794, le général d'Elbée fut lui-même fusillé par les *Bleus*.

Le cardinal Daniélou écrivait dans *Les Saints païens de l'Ancien Testament* [3] que la souffrance est le lien

---

3. *Les Saints païens de l'Ancien Testament*, Ed. du Seuil.

entre les justes et les pécheurs, le juste qui subit la souffrance, et le pécheur qui la lui inflige. Si ce lien n'existait pas, justes et pécheurs, dérivant chacun de son côté,
demeureraient sur des trajectoires parallèles sans jamais
se rencontrer. Dans ce cas, le juste n'aurait aucun pouvoir sur le pécheur car on ne peut avoir de commerce
avec qui l'on ne rencontre pas.

II

La prière du seigneur

Bien qu'elle soit fort simple et d'usage quotidien, la prière du Seigneur fait problème, c'est une prière difficile. C'est la seule que le Seigneur nous ait donnée et pourtant, quand nous lisons les *Actes,* nous ne voyons pas qu'elle soit jamais utilisée par quiconque, alors qu'on pourrait s'attendre à tout autre chose après les paroles introductives de cette prière en Luc 11, 1 : « Seigneur, apprends-nous à prier, comme Jean l'a appris à ses disciples. » Mais qu'elle ne soit pas citée ne signifie pas qu'elle ne soit pas utilisée, et en un sens la prière du Seigneur n'cst pas seulement une prière mais toute une manière de vivre exprimée en forme de prière : elle est l'image de la montée progressive de l'âme de l'esclavage vers la liberté. La prière est construite avec une précision frappante. De même que lorsqu'on jette une pierre dans l'eau on peut observer les ondes s'étendant toujours plus loin, du point d'impact vers les rives, ou au contraire les observer à partir des rives pour remonter jusqu'à leur centre, la prière du Seigneur peut être analysée soit en commençant par les premiers mots soit par les derniers. Il est infiniment plus facile de commencer la progression de l'extérieur

vers le centre de la prière, encore que pour le Christ et
pour l'Église l'autre voie soit la bonne.

« Notre Père » : la prière exprime une filiation ; et en
un certain sens, si elle peut être utilisée par quiconque
s'approche du Seigneur, la seule relation qu'elle exprime adéquatement est celle des membres de l'Église de
Dieu, qui ont trouvé en Jésus-Christ leur voie vers le
Père, car on ne devient fils de Dieu que par le Christ
et en lui.

Pour mieux comprendre cette initiation à la vie spirituelle, nous la mettrons en parallèle avec l'histoire
de l'Exode, et nous la situerons à l'intérieur de l'expérience des Béatitudes. En commençant par les derniers mots de la prière et en remontant aux premiers,
nous voyons comme un mouvement ascendant, nous
partons de la captivité, pour nous élever jusqu'à la
définition de notre condition de fils.

Le peuple de Dieu, qui était entré librement en
Égypte, avait été progressivement réduit en esclavage.
Les conditions d'existence des Hébreux prouvaient assez
leur situation d'esclaves : le travail devenait de plus en
plus dur, les conditions de vie de plus en plus miséra-
bles ; mais cela ne suffisait pas à déclencher le mouvement vers une véritable liberté. Quand la misère
dépasse un certain degré, elle peut mener à la révolte, à
la violence, à des tentatives pour fuir une situation pénible ou insupportable ; mais, si nous allons au fond
des choses, ni la révolte ni la fuite ne nous libèrent, car
la liberté est avant tout une condition intérieure, vis-à-
vis de Dieu, de soi et du monde.

A chaque tentative d'évasion, on donnait aux Hébreux des tâches supplémentaires encore plus lourdes.

S'ils avaient à fabriquer des briques, on leur refusait la paille nécessaire, et le Pharaon disait : « Qu'ils aillent eux-mêmes désormais se procurer la paille » (Ex 5, 7), et « Qu'on augmente le travail de ces gens, qu'ils n'aient aucun répit. » Il voulait les voir à ce point épuisés, abrutis par le travail, qu'ils ne soient même plus capables d'une pensée de révolte ou de libération. De la même façon, il n'y a pas d'espoir pour nous aussi longtemps que nous demeurons prisonniers du prince de ce monde, avec tous les pouvoirs dont il dispose pour tenir corps et âmes en esclavage, loin du Dieu vivant. Si Dieu ne vient pas lui-même nous délivrer, il ne saurait être question de délivrance : ce sera l'esclavage éternel ; d'où les premiers mots que nous trouvons dans la prière du Seigneur : « Délivre-nous du mal. » La délivrance du mal, c'est exactement ce que Moïse accomplit jadis au pays d'Égypte, et ce qui s'accomplit chaque jour au baptême par le pouvoir de Dieu confié à son Église. La parole de Dieu résonne en ce monde, appelant tous les hommes à la liberté, donnant l'espérance qui nous vient d'en-haut à ceux qui ont perdu ici-bas tout espoir. Cette parole de Dieu est prêchée et résonne dans l'âme, elle incite l'homme à apprendre de l'Église, l'amène jusqu'au seuil, comme celui qui a entendu l'appel et s'est approché pour écouter (Rm 10, 17).

Quand cet homme à l'écoute est déterminé à devenir un être libre dans le royaume du Seigneur, l'Église entreprend certaines actions. À quoi bon demander à un esclave, qui est encore au pouvoir de son maître, s'il veut la liberté ? S'il ose demander cette liberté qui lui est offerte, il sait qu'il sera cruellement châtié dès qu'il sera à nouveau laissé seul avec son maître. Par peur, et par

habitude de son esclavage, un homme ne peut demander la liberté tant qu'il n'est pas libéré de l'autorité du
démon. Voilà pourquoi, avant d'être interrogé, celui
qui se présente dans l'espérance du salut est délivré du
pouvoir de Satan. Tel est le sens des exorcismes qui sont
lus au début de la cérémonie du baptême dans les
Églises orthodoxe et catholique. C'est seulement quand
l'homme est libéré des liens de l'esclavage qu'on lui
demande s'il renonce au démon et s'il veut s'attacher au
Christ. Et ce n'est qu'après avoir entendu sa libre réponse que l'Église l'intègre en son sein, dans le Corps
du Christ. Le démon veut des esclaves, mais Dieu veut
des hommes libres, dont la volonté soit en harmonie
avec lui. Pour l'Exode, le Mauvais, c'était l'Égypte et
Pharaon, avec tous les avantages dépendant d'eux, à savoir la possibilité de manger et de survivre à condition
de demeurer des esclaves soumis.

Et pour nous l'acte de prier, qui est un acte de rébellion contre l'esclavage, plus essentiel et plus efficace que
la lutte armée, est en même temps une sorte de retour au
sens de notre responsabilité et de notre relation avec
Dieu.

Ainsi la situation sur laquelle s'ouvre l'Exode, qui est
aussi celle de nos commencements, est la découverte
de l'esclavage, et de ce que celui-ci ne peut être vaincu
par un acte de rébellion ou par la fuite, car, que nous
fuyions ou que nous nous révoltions, nous demeurons
esclaves tant que nous ne nous sommes pas rétablis, vis-
à-vis de Dieu et de toutes les situations de l'existence,
dans la voie tracée par la première béatitude : « Heureux les pauvres en esprit, car le Royaume des Cieux
est à eux. » En soi, la pauvreté, l'état d'esclave, n'est

pas un passeport vers le Royaume ; l'esclave peut être privé non seulement des biens terrestres mais aussi des biens célestes ; et cette pauvreté-ci peut être beaucoup plus accablante que la simple privation de ce dont nous avons besoin pour subsister ici-bas. Saint Jean Chrysostome dit que le pauvre n'est pas tant celui qui ne possède pas que celui qui désire ce qu'il ne possède pas.

A sa racine, la pauvreté ne réside pas dans ce que nous avons ou n'avons pas, mais dans la mesure dont nous désirons ce qui est hors de notre portée. Quand nous réfléchissons à notre condition d'hommes, il est facile de découvrir que si nous sommes absolument pauvres et dénués, c'est que tout ce que nous possédons n'est jamais vraiment nôtre, quelle que soit notre richesse apparente. Que nous tentions de saisir une chose quelconque, et nous découvrirons bien vite qu'elle nous a échappé. Notre être n'est fondé sur rien d'autre que la parole créatrice souveraine de Dieu qui nous a tirés de l'absence totale, radicale, pour nous appeler en sa présence. Nous ne pouvons conserver la vie ni la santé, et non seulement la santé mais même beaucoup de nos aptitudes psychosomatiques : un homme de grande intelligence, parce qu'un minuscule vaisseau s'est rompu dans son cerveau, devient sénile, intellectuellement c'est un homme fini. Dans le domaine de nos sentiments, pour quelque raison discernable ou non, disons un rhume ou la fatigue, nous ne pouvons à volonté, et au moment opportun, éprouver pour quelqu'un la sympathie à laquelle pourtant nous aspirons ; ou encore nous allons à l'église et nous y restons de glace. C'est notre pauvreté fondamentale, mais pour autant fait-elle de nous des enfants du royaume ? Bien sûr que non, car si à tout

instant de nos vies nous éprouvons cette situation de
misère, et que tout nous échappe, si nous sommes seulement conscients de ce que nous ne possédons rien,
cela ne fait pas de nous les enfants joyeux d'un royaume
d'amour divin, mais les victimes malheureuses d'une
situation sur laquelle nous sommes sans pouvoir et que
nous détestons.

Ceci nous ramène aux mots « pauvres *en esprit* » ; la
pauvreté qui ouvre le royaume des cieux est celle par
laquelle je sais que si rien n'est véritablement mien,
alors tout ce que j'ai, je l'ai reçu par un don d'amour,
d'amour divin ou d'amour humain, et cela rend les
choses tout à fait différentes. Si nous comprenons que
nous n'avons pas d'être en nous-mêmes, et que pourtant
nous existons, nous pouvons dire qu'il y a là un acte
incessant d'amour divin. Si nous voyons que nous ne
pouvons jamais faire que ce que nous possédons soit
vraiment nôtre, alors tout est amour divin, concrètement exprimé à chaque moment ; et alors la pauvreté est
la racine de la joie parfaite parce que tout ce que nous
avons est une preuve d'amour. Nous ne devrions jamais
tenter de nous approprier les choses, car les appeler
« nôtres » au lieu d'y voir un don constant de Dieu,
c'est en amoindrir la signification au lieu de l'enrichir. Si
cela est mien, cela n'appartient pas à notre relation
d'amour mutuel ; si cette chose est sienne et que pourtant je la possède jour après jour, à chaque seconde,
c'est alors qu'il y a là un acte d'amour divin perpétuel-
lement renouvelé. Et nous en arrivons à cette joyeuse
pensée : « Grâce à Dieu, cela n'est pas à moi ; si c'était
à moi, il y aurait possession, mais hélas sans amour. »
La relation à laquelle cette pensée nous conduit, c'est

ce que l'Évangile appelle le royaume de Dieu. Seuls appartiennent à ce royaume ceux qui reçoivent toutes choses du roi dans une relation d'amour mutuel, et qui refusent d'être riches parce qu'être riche signifie la dépossession de l'amour dans la possession des choses. Au moment où nous découvrons Dieu au cœur de la situation, et que toutes choses sont à Dieu et de Dieu, nous franchissons le seuil de ce royaume divin et nous entrons dans la liberté.

C'est seulement quand les Hébreux, guidés et éclairés par Moïse, eurent pris conscience que leur état d'esclavage avait quelque chose à voir avec Dieu, et n'était pas simplement une situation purement humaine ; c'est seulement quand ils se tournèrent vers Dieu, quand ils rétablirent la relation qui est celle du royaume, que quelque chose put se passer. Cela est vrai pour chacun d'entre nous, car c'est seulement en prenant conscience de notre esclavage, en réalisant que nous sommes dénués de tout, mais que tout cela appartient à la divine sagesse et que toutes choses sont au pouvoir de Dieu, c'est seulement alors que nous pouvons nous tourner vers Dieu et lui dire : « Délivre-nous du mal. »

Tout comme les Hébreux furent appelés par Moïse à fuir le pays d'Égypte, à le suivre dans la nuit noire, à traverser la mer Rouge, chacun de nous est amené au désert, où une nouvelle période commence. Il est libre, mais ne jouit pas encore de la splendeur de la terre promise, car du pays d'Égypte il a emporté avec lui son âme d'esclave, ses habits d'esclave, ses tentations d'esclave ; et l'éducation d'un homme libre prend infiniment plus de temps que la découverte de son esclavage. L'esprit d'esclavage demeure là, tout près, et ses idéaux conservent un grand pouvoir : un esclave a un lieu où reposer sa tête, un esclave est assuré de manger tous les jours, un esclave a un rang social, fût-il au bas de l'échelle, il connaît la sécurité parce que son maître est responsable de lui. Quel que soit le caractère pénible, humiliant et affligeant de cette situation, l'esclavage est aussi une forme de sécurité, alors que la liberté est un état de totale insécurité ; nous prenons notre destin dans nos propres mains et ce n'est que lorsque notre liberté est fondée en Dieu que nous retrouvons une nouvelle forme de sécurité, bien différente d'ailleurs.

Ce sentiment d'insécurité est bien exprimé au livre de Samuel lorsque les Juifs demandent au prophète de leur donner un roi. Durant des siècles, ils avaient été conduits par Dieu, c'est-à-dire par des hommes qui, étant des saints, connaissaient les voies de Dieu ; comme le dit Amos (3, 7), le prophète est un homme à qui Dieu confie ses desseins. Et voilà qu'au temps de Samuel, les Juifs découvrent qu'être guidés par Dieu seul c'est, humainement parlant, vivre dans l'insécurité totale puisque il faut se référer à la sainteté, au don de soi, à des valeurs morales difficiles à acquérir, et ils se tournent alors vers Samuel et lui demandent de leur donner un roi, car ainsi : « Nous aurons un roi et nous serons, nous aussi, comme toutes les nations. »

Samuel ne veut pas donner son accord à ce qu'il considère comme une apostasie ; mais Dieu lui dit : « Satisfais à tout ce que te dit le peuple, car ce n'est pas toi qu'ils ont rejeté, c'est moi qu'ils ont rejeté, ne voulant plus que je règne sur eux » (1 Sm 8, 9). Suit alors le tableau de ce que va devenir leur existence : « Voici le droit du roi qui va régner sur vous. Il pren-

dra vos fils et les affectera à sa charrerie et à ses che-
vaux et ils courront devant son char... Il prendra vos
filles comme parfumeuses, cuisinières et boulangères. »
Néanmoins, « le peuple refusa d'écouter Samuel et dit :
" Non ! Nous aurons un roi " » (1 Sm 8, 19). Ils voulaient acheter la sécurité au prix de la liberté. Ce n'est
pas ce que Dieu veut pour nous, et ce qui se passe est
exactement l'envers des événements de l'Exode : Dieu
veut que nous renoncions à la sécurité de l'esclave et que
nous acceptions l'insécurité d'hommes en marche vers la
conquête de leur liberté. C'est là une situation difficile,
car tant que nous sommes en marche nous ne savons pas
encore comment être libres et nous ne voulons plus re-
devenir esclaves. Rappelons-nous ce qui arriva aux
Juifs dans le désert, combien souvent ils regrettèrent le
temps où ils étaient esclaves en Égypte, mais nourris.
Combien souvent ils se plaignirent de n'avoir plus de
toit, plus de pain, de dépendre de la volonté divine sur
laquelle ils n'avaient pas encore appris à se reposer
totalement ; car Dieu nous donne la grâce, mais nous
laisse le soin de devenir des créatures nouvelles.

Tels les Juifs en Égypte, nous avons passé toute
notre existence en esclavage ; dans notre âme, notre
volonté, notre être tout entier, nous ne sommes pas
encore vraiment des hommes libres : laissés à nos seu-
les forces, nous sommes susceptibles de succomber à la
tentation. Et ces mots : « Ne nous soumets pas à la
tentation » — ne nous soumets pas à ce test sévère —
doivent nous rappeler les quarante années qu'il fallut
aux Juifs pour traverser cette faible distance qui sépare
le pays d'Égypte de la terre promise. S'il leur fallut si
longtemps, c'est qu'à chaque fois qu'ils se détournaient

de Dieu, leur chemin se détournait de la terre promise. La seule manière d'atteindre la terre promise est de marcher dans les pas du Seigneur. Chaque fois que notre cœur se retourne vers le pays d'Égypte, nous faisons marche arrière, nous nous égarons. Nous avons tous été libérés par la miséricorde de Dieu, nous sommes tous en route, mais qui peut dire n'avoir jamais fait marche arrière, ne s'être jamais détourné du droit chemin ? « Ne nous soumets pas à la tentation », ne nous laisse pas retourner à notre esclavage.

Dès lors que nous avons pris conscience de notre esclavage, dès lors que nous avons cessé de nous lamenter, de gémir sur nos misères, pour acquérir le véritable sens de l'affliction et de la pauvreté en esprit, les paroles des béatitudes suivantes vont éclairer notre servitude au pays d'Égypte : « Heureux ceux qui pleurent, car ils seront consolés », « Heureux les doux, car ils posséderont la terre. » Cette affliction qui résulte de la découverte du royaume, de notre propre responsabilité, de la tragédie de l'esclavage, est beaucoup plus amère que les banales lamentations de l'esclave. L'esclave gémit sur sa situation extérieure ; celui qui pleure et qui est béni de Dieu ne gémit pas, il a le cœur brisé, et il sait que son esclavage extérieur est l'expression de quelque chose de beaucoup plus tragique : son esclavage intérieur, qui le maintient loin de l'intimité de Dieu. Et il n'y a rien à faire pour échapper à cette situation tant que l'on ne s'est pas fait doux et humble de cœur.

« Doux » est un mot difficile, qui a pris des connotations diverses, et comme on l'emploie peu au sens de la béatitude, nous ne pouvons en appeler à l'expérience des « doux », qui nous donnerait une clef pour l'intelligence du mot. J.B. Phillips traduit : « Heureux ceux qui ne revendiquent rien », c'est-à-dire : « Heureux ceux qui ne cherchent pas à posséder ». Dès lors que vous ne cherchez pas à posséder, vous devenez libre, puisque l'on est possédé par ses possessions. Une autre interprétation du mot nous est proposée par la traduction du grec en un mot slavon qui signifie « apprivoisé », rendu docile. Une personne ou un animal apprivoisé n'est pas simplement terrifié par la perspective du châtiment, ou soumis à l'autorité de son maître ; c'est quelqu'un chez qui le processus a été plus loin, quelqu'un qui a acquis une qualité nouvelle et qui par sa docilité échappe à la violence de la contrainte.

Notre délivrance de l'esclavage d'Égypte appelle cette condition que nous soyons apprivoisés, dociles ; en d'autres termes, que nous reconnaissions à cette situation qui est la nôtre profondeur et signification, que nous sachions y voir la présence de la volonté divine, et qu'il n'y ait ni fuite ni révolte mais un mouvement guidé par Dieu, qui s'origine dans le royaume des cieux présent en nous et se développe dans le royaume d'ici-bas. C'est une période de flottement et de lutte intérieure : « Ne nous soumets pas à la tentation, ô Seigneur, protège-nous dans l'épreuve, aide-nous dans ce combat qui a commencé pour nous. » Et ce peut être là pour nous un nouveau point de départ. Rappelons-nous l'Exode, la prise de conscience par les Juifs qu'ils n'étaient pas seulement des esclaves mais le peuple de Dieu devenu esclave à cause de ses faiblesses morales. Ils avaient à prendre des risques, car nul ne peut compter sur son maître pour le libérer, et il leur fallut traverser la mer Rouge ; mais au-delà de la mer Rouge, ce

n'était pas encore la terre promise, c'était le désert tor-
ride, et cela ils le savaient ; ils savaient qu'il leur faudrait le traverser au prix de grandes difficultés. Ainsi
sommes-nous, lorsque nous décidons de franchir le pas
qui nous libérera de notre esclavage : sachons bien que
nous serons en proie à la violence, à la ruse, à ces ennemis de l'intérieur que sont nos vieilles routines, notre
vieux besoin de sécurité, et que rien ne nous a été pro-
mis, que le désert. La terre promise est au-delà, mais
loin au-delà, et nous devons accepter les risques du
voyage.

Entre l'Égypte et le désert, entre l'esclavage et la
liberté, s'étend comme une ligne de démarcation ; c'est
le moment de l'acte décisif par lequel nous devenons
des hommes nouveaux, établis dans une situation mo-
rale totalement nouvelle. En termes de géographie ce fut
la mer Rouge, mais dans la prière du Seigneur, c'est le
« Pardonne-nous nos offenses comme nous pardonnons
aussi... ». Ce « comme nous pardonnons » représente le
moment même où nous prenons notre salut dans nos
propres mains, car tout ce que Dieu fait dépend de ce
que nous faisons ; et cela est d'une extrême importance
dans la vie quotidienne. Si ces gens qui sortent d'Égypte
emportent avec eux leurs peurs, leurs ressentiments,
leurs haines, leurs doléances, ils demeureront esclaves
dans la terre promise. Ce ne seront pas des hommes
libres, pas même des hommes en train de bâtir leur
liberté. Et c'est pourquoi, entre l'épreuve subie et la tentation de nos démons familiers, on trouve cette condition absolue à laquelle jamais Dieu n'accepte d'aména-
gements : il n'y aura pas deux poids, deux mesures,
comme vous pardonnez vous serez pardonnés ; ce que

vous ne pardonnez pas sera retenu contre vous. Ce n'est pas que Dieu ne veuille pas pardonner, mais si nous refusons le pardon, nous mettons en échec le mystère de l'amour, nous le refusons, et il n'y a pas de place pour nous dans le royaume. Nous ne pouvons aller plus loin si nous ne sommes pardonnés, et nous ne pouvons être pardonnés aussi longtemps que nous n'avons pas pardonné à tous ceux qui nous ont fait du tort. C'est parfaitement clair, net et précis, et nul ne peut s'imaginer être dans le royaume de Dieu, lui appartenir, si demeure en son cœur le refus de pardonner. Pardonner à ses ennemis est la première caractéristique du chrétien, la plus élémentaire ; si nous y manquons, nous ne sommes pas chrétiens du tout, nous errons encore dans le désert brûlant du Sinaï.

Mais pardonner est une chose extrêmement difficile. Accorder le pardon à un moment où l'on se sent le cœur plein de mansuétude, ou dans un élan d'affectivité, est relativement aisé ; mais bien peu de gens savent comment faire pour ne pas le reprendre. Ce que nous appelons pardon consiste souvent à mettre l'autre à l'épreuve, rien de plus ; encore les gens pardonnés sont-ils heureux lorsqu'il s'agit seulement d'une épreuve, et pas d'un renvoi. Nous attendons avec impatience les témoignages de repentir, nous voulons être sûrs que le pénitent n'est plus le même, mais cette situation peut durer toute une vie, et notre attitude est absolument contraire à tout ce qu'enseigne l'Évangile, et en vérité à tout ce qu'il nous commande. Aussi la loi du pardon n'est-elle pas un mince ruisseau à la frontière entre l'esclavage et la liberté : elle est large et profonde, c'est la mer Rouge. Les Juifs ne la traversèrent pas grâce à leurs propres efforts, sur des bateaux faits de main d'homme, la mer Rouge s'entrouvrit par la puissance de Dieu ; il fallut que Dieu les aide à la franchir. Mais pour être conduit par Dieu, on doit communier à cette qualité de Dieu qu'est la capacité de pardonner. Dieu se souvient, en ce sens que, lorsque nous avons fait le mal, il prendra pour toujours en considération, à moins que nous ne changions, ce fait que nous sommes faibles et fragiles ; mais il ne se souviendra jamais en termes d'accusation ou de condamnation ; jamais cette accusation ne sera portée contre nous. Le Seigneur s'enchaînera avec nous, dans nos vies, et il aura un poids plus lourd à porter, une croix plus lourde et ce sera vers le calvaire une nouvelle montée, que nous-mêmes refusons ou sommes incapables d'entreprendre.

Être capable de prononcer cette phrase : « Délivre-nous du mal », demande un tel réexamen des valeurs, une attitude si neuve, qu'on ne peut d'abord la dire que dans un cri, sans qu'un changement intérieur en nous lui confère encore une véritable substance. Nous éprouvons un désir qui ne peut encore aboutir ; demander à Dieu de nous protéger dans l'épreuve, c'est lui demander un changement radical de notre situation. Mais être capable de dire : « Pardonne comme je pardonne », est encore plus difficile ; c'est l'un des plus grands problèmes de l'existence. Ainsi, si vous n'êtes pas prêt à laisser derrière vous tout ressentiment contre ceux qui furent vos maîtres ou vos garde-chiourme, vous ne pouvez franchir la mer Rouge. Si vous êtes capable de pardonner, c'est-à-dire de laisser derrière vous, au pays de la servitude, toute votre mentalité d'esclave, toute votre avidité, votre cupidité et votre amertume, alors vous pouvez passer. Après quoi vous arriverez au désert aride, car il faut du temps pour faire d'un esclave un homme libre.

Tout ce que nous possédions, esclaves au pays d'Égypte, nous en sommes désormais privés — plus de toit, plus d'abri, plus de pain, rien que le désert et Dieu. La terre n'est plus capable de nous nourrir ; nous ne pouvons plus compter sur la nourriture que nous fournissait la nature, aussi nous prions : « Donne-nous aujourd'hui notre pain de ce jour. » Dieu nous le donne même lorsque nous nous égarons, car s'il ne le faisait pas, nous serions morts avant d'atteindre la frontière de la terre promise. Maintiens-nous en vie, ô Dieu, donne-nous du temps pour errer, pour nous repentir, pour reprendre le droit chemin.

La formule « notre pain de ce jour », ou « notre pain quotidien » est l'une des traductions possibles du texte grec. Ce pain, qu'en grec on rend par *epiousion*, peut être quotidien, mais il peut s'agir aussi du pain qui est au-delà de toute substance. Les Pères de l'Église, après Origène et Tertullien, ont toujours interprété ce passage en référence non seulement à nos besoins physiques mais également au pain mystérieux de l'Eucharistie. Si nous ne sommes ainsi, mystérieusement, nourris de ce pain divin (puisque notre existence dépend désormais de Dieu seul), nous ne survivrons pas (Jn 6, 53). Dieu donna à son peuple la manne, et l'eau du rocher frappé par le bâton de Moïse. Ces deux dons sont des images du Christ : « L'homme ne vit pas seulement de pain, mais de toute parole qui sort de la bouche de Dieu. » Ce sont les mots de l'Ancien Testament (Dt

8, 3) que le Christ rappellera pour confondre Satan.
Cette « parole » n'est pas faite simplement de mots, elle
est avant tout la Parole qui résonne dans l'éternité, sou-
tenant toutes les choses créées, puis la Parole incarnée,
Jésus de Nazareth ; en outre, la manne est l'image du
pain, de ce pain que nous recevons en communion. Les
eaux qui se mirent à sourdre et qui emplirent les ruis-
seaux et les rivières au commandement de Moïse, sont
l'image de cette eau promise à la Samaritaine et du
sang du Christ, qui est notre vie.

L'Exode est une analogie complexe de la Prière du
Seigneur ; dans les béatitudes nous trouvons la même
progression : « Heureux ceux qui ont faim et soif de la
justice, car ils seront rassasiés », « Heureux les miséricordieux, car ils obtiendront miséricorde ». Il y a
d'abord une faim et une soif corporelles, une privation
de toutes possessions, don corrompu, fruit de l'asservis-
sement, marque de la servitude ; et ensuite, tout comme
l'affliction de la seconde béatitude s'approfondit au
moment où nous nous tournons vers Dieu, cette faim
et cette soif se tournent vers la justice. Une dimension
nouvelle a été révélée aux hommes, une dimension d'aspiration et de désir, définie dans l'une des secrètes de
la liturgie comme « le Royaume à venir », lorsque nous
remercions Dieu de nous avoir donné ce royaume auquel nous aspirons. Dans la liturgie, le royaume est présent, mais pendant le voyage au désert, il est devant, en
germe, encore hors d'atteinte. Il est en nous comme une
attitude, une relation, mais certainement pas comme
quelque chose qui serait déjà la vie, dont nous pourrions
nous nourrir et qui nous ferait subsister. Il y a la faim
corporelle, née de notre passé et de notre présent ; il y

a la faim spirituelle, née de notre avenir et de notre vocation.

« Heureux les miséricordieux ». Ce voyage n'est pas un voyage solitaire. Dans l'Exode, c'est tout le peuple de Dieu qui est en marche, d'un seul bloc, au coude à coude.

Dans la Prière du Seigneur et dans notre vocation, c'est l'Église, c'est l'humanité, c'est tout le monde qui est du voyage ; et nous avons à apprendre une chose d'une importance capitale : la miséricorde pour les frères qui sont en route avec nous. Tant que nous n'accepterons pas de porter les fardeaux les uns des autres, le poids les uns des autres, d'accueillir chacun comme le Christ nous accueille, c'est-à-dire avec miséricorde, il n'y aura pas de chemin à travers le désert. Ce voyage dans la chaleur brûlante, dans la soif et la faim, l'effort pour devenir un homme nouveau, est un temps de miséricorde, de charité mutuelle ; autrement nul n'arrivera au lieu où la loi de Dieu est proclamée, où sont données les tables de la loi. La soif de justice et de plénitude va de pair avec la miséricorde pour les compagnons qui marchent à notre côté dans la chaleur et les souffrances ; et cette faim, cette soif, impliquent plus que la simple absence de nourriture. Quand les Juifs arrivent au pied du Sinaï, ils sont capables d'intelligence et de fermeté ; ils ont été apprivoisés et sont devenus un peuple, avec une conscience commune, une direction, un projet. Ils sont le peuple de Dieu, en marche vers la terre promise. Leurs cœurs qui s'étaient obscurcis sont devenus plus transparents, plus purs. Au pied de la montagne il sera donné à chacun, selon ses forces et ses aptitudes, de voir quelque chose de Dieu (puisque

« Heureux les cœurs purs, car ils verront Dieu »), chacun d'une manière différente, exactement comme les disciples virent le Christ transfiguré sur le Mont Thabor en fonction de ce qu'ils étaient capables de comprendre.

Ici, nouvelle tragédie : Moïse découvre que les Juifs ont trahi leur vocation et il brise les tables de la loi ; celles qui les remplaceront sont identiques et pourtant différentes : cette différence se manifeste peut-être dans ce fait que, lorsque Moïse rapporta la loi pour la seconde fois, il y avait sur son visage un rayonnement que personne ne pouvait soutenir (Ex 31, 30), pas plus qu'on ne pouvait tenir devant le Seigneur qui se révélait dans toute sa gloire et son éclat. Ce qui leur est donné est ce qu'ils sont capables de supporter, mais c'est une loi écrite par Moïse (Ex 34, 27) et non simplement une révélation divine de l'amour « écrite du doigt de Dieu » (Ex 31, 18). La loi se tient à mi-chemin entre la violence et la grâce ; on peut repérer trois étapes qui manifestent une progression frappante : dans la Genèse, nous voyons le brutal Lamech déclarer que s'il est offensé, il se vengera soixante-dix-sept fois (Gn 4, 24) ; au Sinaï, il n'est plus question que d'œil pour œil, dent pour dent ; et le Christ nous demande de « pardonner soixante-dix-sept fois à notre frère ». Telles sont les mesures de la révolte de l'homme contre l'équité et contre la grâce.

Khomiakov, théologien russe du XIX siècle, dit que la volonté de Dieu est malédiction pour les démons, loi pour les serviteurs de Dieu et liberté pour les enfants de Dieu. Cela semble particulièrement vrai lorsque nous examinons la progression du peuple juif, de l'Égypte à la terre promise. Lorsqu'ils ont pris la route, ils n'étaient encore que des esclaves, ils n'avaient qu'une conscience naissante de ce que leur avenir d'enfants de Dieu comportait de virtualités ; il leur fallait dépasser la mentalité d'esclaves pour atteindre l'esprit et la stature de fils ; ceci se fit progressivement au cours d'un processus long et extrêmement pénible. Nous les voyons se constituer lentement en une communauté de serviteurs de Dieu, d'hommes qui reconnaissaient que leur Seigneur n'était plus Pharaon mais le Dieu des armées, vis-à-vis de qui ils se savaient tenus à l'allégeance et à l'obéissance inconditionnelle ; de lui, ils pouvaient attendre châtiment et récompense, sachant qu'il les conduisait au-delà du connu, vers quelque chose qui était leur vocation ultime.

C'est une idée très courante dans les premiers écrits ascétiques chrétiens que l'homme doit passer par ces trois étapes : esclave, mercenaire, fils. L'esclave est celui qui obéit par peur, le mercenaire obéit en vue de la récompense et le fils par amour. On peut voir dans l'Exode combien le peuple de Dieu avait progressivement dépassé les stades de l'esclave et du mercenaire ; pour eux désormais — si l'on peut parler en termes de géographie — la loi se dressait au seuil de la terre promise.

A ce seuil, ils découvrent la volonté de Dieu, l'esprit de Dieu, chacun avec ses capacités et sa profondeur propres, car cette loi peut être vue de plusieurs façons : si nous la prenons de façon formelle, phrase par phrase, c'est une série de commandements : « Tu feras, tu ne feras pas. » En ce sens, c'est la loi selon la mentalité de l'Ancien Testament. Mais si, par contre, nous la regardons avec les yeux du Nouveau Testament, avec le regard de notre vocation humaine, comme ont été capables de le faire un nombre d'hommes sans cesse croissant depuis le temps de l'Exode, alors nous voyons que ces diverses prescriptions, que ces impératifs, se confondent en deux commandements : l'amour de Dieu et l'amour de l'homme. Les quatre premiers points du Décalogue sont l'amour de Dieu concrètement exprimé ; et dans les six autres nous avons l'amour de l'homme, lui aussi rendu concret, tangible, monnayable. La loi est règle et discipline pour ceux qui sont encore en route, en train de devenir des fils, mais en même temps elle est déjà la loi du Nouveau Testament. Entre les hommes, comme entre l'homme et Dieu, le problème est d'établir la paix divine, la paix au nom de Dieu, une paix qui n'est pas bâtie sur l'attrait mutuel ou la sympathie, mais sur des données beaucoup plus fondamentales : notre commune filiation, notre commun Seigneur, notre solidarité humaine, et notre solidarité chrétienne plus étroite encore. Amour divin et amour humain doivent se résumer avant tout dans l'établissement des relations adéquates, la juste relation avec Dieu, avec les autres et avec soi.

Nous avons vu que, pour survivre au désert, le pardon mutuel est un préalable absolu ; il nous faut maintenant faire un pas de plus. Alors que nous trouvons dans l'Exode la loi impérative qui exprime l'intention et la volonté de Dieu, nous trouvons dans la Prière du Seigneur : « Ta volonté soit faite. » Ces mots ne signifient pas soumission résignée à la volonté de Dieu, comme on l'imagine trop souvent. Ils définissent l'attitude positive de ceux qui ont traversé le désert, qui sont entrés dans la terre promise et ont entrepris de rendre la volonté de Dieu présente et réelle sur la terre comme elle l'est aux cieux. Dans sa traduction de Philippiens 3, 20, Moffat rend ainsi le texte de saint Paul : « Nous sommes une colonie des cieux. » Il entend par là un groupe d'hommes dont la mère patrie est dans les cieux, qui sont ici-bas en vue de conquérir cette terre pour Dieu et d'établir ainsi son royaume, au moins en un petit coin de l'univers. Ce type de conquête assez particulier consiste à rallier des hommes au royaume de paix, à faire d'eux les sujets du prince de la paix, à les introduire dans cette harmonie que nous appelons le royaume de Dieu. C'est bien en vérité une conquête, l'établissement d'une paix qui fera de nous des agneaux parmi les loups, des graines répandues par le semeur, lesquelles doivent mourir afin de porter du fruit et de nourrir nos frères.

Si nous portons ainsi sur elle un regard de fils, la phrase : « Ta volonté soit faite », connote tout autre chose que ce genre d'obéissance, résignée ou frondeuse, rencontrée au début de l'Exode, quand Moïse s'efforçait de mettre ses compatriotes en marche vers la liberté. Ils ont désormais — nous avons — l'esprit du Christ, nous connaissons désormais la volonté de Dieu, nous ne sommes plus des serviteurs mais des amis (Jn 15, 15). Le Christ n'entend pas par là une vague relation de pure bonne volonté, mais quelque chose d'extrêmement profond qui nous lie. Ainsi entrons-nous dans la terre promise en disant « Ta volonté soit faite » avec un accent nouveau : il ne s'agit plus d'une volonté étrangère, d'une volonté puissante et capable de nous briser, mais d'une volonté avec laquelle nous sommes désormais totalement en harmonie. Et nous devons, au moment où nous prononçons ces mots, accepter tout ce qu'implique notre filiation divine, notre appartenance au même corps. De même que Dieu est venu parmi les siens afin de mourir pour le salut du monde, nous aussi nous sommes choisis dans ce dessein ; et il se peut qu'apporter la paix autour de nous et y établir le royaume se fasse au prix de nos vies.

Il y a une différence entre le Dieu-souverain tel qu'il fut perçu au pays d'Égypte, puis au désert, et tel que nous le percevons dans la situation nouvelle de la terre promise. Dans un premier temps, sa volonté était conçue comme prévalant en toute circonstance ; toute résistance était appelée à être brisée : obéissance signifie alors sujétion. Ensuite, une lente éducation fait apparaître que ce souverain n'est pas un négrier, un garde-chiourme, mais un roi bienveillant, et que lui obéir transforme tout ; que nous pouvons être plus que ses sujets, son propre peuple, son armée en mouvement. Enfin, nous découvrons le roi au plein sens du terme, tel que le décrit saint Basile : « Tout chef peut gouverner, seul un roi peut mourir pour son peuple ». Il y a ici une telle identification du roi avec ses sujets, c'est-à-dire avec son royaume, que tout ce qui advient au royaume, c'est au roi que cela advient ; et il n'y a pas seulement identification, mais un acte de substitution par amour en vertu duquel le roi prend la place de ses sujets. Le roi devient homme, Dieu est incarné. Il entre dans la destinée historique du genre humain, il revêt la chair qui fait de lui une partie, une parcelle du cosmos engagé dans la tragédie causée par la chute de l'homme. Il s'enfonce jusqu'au cœur même de la condition humaine, jusqu'au jugement, à l'inique condamnation et à la mort, jusqu'à l'expérience de l'absence de Dieu, après quoi l'on peut mourir. Voilà le roi, le royaume et le règne dont il est fait mention dans notre prière. A moins de ne faire qu'un avec lui, avec tout l'esprit du royaume désormais compris de façon nouvelle, il est impossible pour nous d'être appelés enfants de Dieu, impossible de dire « Que ton règne vienne ». Mais ce qu'il nous faut comprendre, c'est que ce royaume espéré est défini par les dernières béatitudes : « Heureux les persécutés » ; « Heureux êtes-vous si l'on vous insulte, si l'on vous persécute et si l'on vous calomnie de toutes manières à cause de moi ». Pour que le règne vienne, nous devons payer le prix indiqué dans ces béatitudes. Le royaume dont nous parlons est un royaume d'amour, donc, apparemment, il devrait être bien agréable d'y entrer ; or ce n'est pas agréable, parce que l'amour a un côté tragique, il signifie la mort pour chacun de nous ; notre être égoïste, égocentrique, doit périr totalement, et non pas comme une fleur qui se fane, mais d'une mort cruelle, la mort de la croix.

Le nom de Dieu ne peut être sanctifié, et par nous glorifié, que dans le contexte du royaume ; car ce ne sont ni nos mots ni nos gestes, fussent-ils liturgiques, qui glorifient le nom de Dieu, c'est le fait que nous soyons le royaume, rayonnement et gloire de notre créateur et sauveur. Et ce nom est amour, un seul Dieu-Trinité.

Comme nous le voyons maintenant, la Prière du Seigneur a une valeur et une signification absolument universelles, exprimant — mais dans l'ordre inverse — la montée de l'âme, de la captivité du péché à la plénitude de la vie en Dieu ; ce n'est pas seulement une prière, c'est *la* prière par excellence des chrétiens. Les premiers mots, « Notre Père », sont caractéristiques du chrétien. En Matthieu 11, 27, le Seigneur dit : « Nul ne connaît le Fils si ce n'est le Père, comme nul ne connaît le Père si ce n'est le Fils, et celui à qui le Fils veut bien le révéler ». Connaître le Dieu-père de façon approximative est donné à beaucoup de gens, et pas seulement aux chrétiens ; mais le connaître comme notre père tel que le Christ nous l'a révélé n'est donné qu'aux chrétiens, en Jésus-Christ. En dehors de la révélation biblique, Dieu nous apparaît comme le créateur de toutes choses. Une vie intérieure recueillie peut nous aider à percevoir que ce créateur est miséricordieux, aimant, plein de sagesse, et par analogie elle peut nous conduire à parler du créateur de toutes choses en termes de paternité ; il se comporte avec nous comme un père avec ses enfants.

Avant même la révélation du Christ nous trouvons dans l'Écriture l'exemple frappant d'un homme qui était, strictement parlant, un païen, mais qui n'était pas loin de parler de Dieu en termes de paternité et de filiation ; il s'agit de Job. C'est un païen parce qu'il n'appartient pas à la race d'Abraham, qu'il n'est pas l'un des héritiers des promesses faites à Abraham. C'est l'une des figures les plus étonnantes de l'Ancien Testament à cause de son débat avec Dieu. Les trois hommes qui discutent avec lui reconnaissent Dieu pour leur maître absolu : Dieu a le droit de faire ce qu'il a fait à Job, quoi qu'il fasse Dieu a raison puisqu'il est le Seigneur de toutes choses. Et c'est précisément ce point que Job ne peut accepter, parce qu'il connaît Dieu d'une autre manière. Dans son expérience spirituelle, il sait déjà que Dieu n'est pas simplement le maître absolu.

Il ne peut l'accepter comme une puissance manipulatrice arbitraire, comme un être tout-puissant qui peut et a le droit de faire tout ce qui lui plaît. Mais comme Dieu n'a encore rien dit de lui-même, tout cela n'est qu'un espoir, une vision prophétique et pas encore la révélation même de Dieu dans sa paternité.

Quand le Seigneur apparaît à Job et répond à ses questions, il le fait dans les termes de la révélation païenne, caractérisée par les mots du psaume : « Les cieux racontent la gloire de Dieu, et l'œuvre de ses mains, le firmament l'annonce » (Ps 19, 1). Job comprend parce que, comme le dit Paul citant Jérémie (31, 33), « La Loi de Dieu est inscrite dans nos cœurs » (Rm 2, 15). Dieu présente à Job une vision de tout le monde créé, et raisonne avec lui ; puis, en dépit du fait que Job soit apparemment confondu, Dieu déclare qu'il voit plus juste que ses interlocuteurs, eux qui considèrent Dieu à l'égal d'un souverain de ce monde. Sans aller jusqu'à une véritable connaissance de la paternité divine, il est allé au-delà de ce que ses amis savaient de Dieu. On peut dire que, dans l'Ancien Testament, nous trouvons en Job la première vision prophétique de la paternité de Dieu et de ce salut du monde qui ne peut être obtenu que par une personne à la fois égale de Dieu et de l'homme. Quand Job, accusateur, se tourne vers Dieu, et dit : « Pas d'arbitre entre nous pour poser la main sur nous deux » (Job 9, 33), nous voyons en lui un homme qui va plus loin que ses contemporains dans l'intelligence de Dieu, mais à qui fait encore défaut le fondement qui lui permettrait d'affirmer sa foi et sa connaissance, parce que Dieu n'a pas encore parlé en Jésus-Christ.

Le mystère de la filiation et le mystère de la paternité sont corrélatifs : vous ne pouvez connaître le père
à moins de connaître le fils, pas plus que vous ne pouvez
connaître le fils si vous ne connaissez le père ; on ne
peut les connaître de l'extérieur. Notre relation à Dieu
est fondée sur un acte de foi, fécondé par la réponse de
Dieu qui fait porter à cet acte de foi tout son fruit. Nous
devenons membres du Christ par un acte de foi,
parachevé par Dieu dans le baptême. D'une façon qui
n'est connue que de Dieu et de ceux qui ont été appelés
et renouvelés, nous devenons par participation ce que
le Christ est de naissance. Ce n'est qu'en devenant
membres du Christ que nous devenons fils de Dieu.
Mais il ne faut jamais oublier que la paternité de Dieu
est plus qu'une attitude de chaleureuse affection, elle
est plus effective et beaucoup plus profondément vraie :
en Christ, Dieu devient le père de ceux qui deviennent
membres du corps du Christ, mais on n'est pas greffé
sur le Christ par une quelconque sentimentalité vague :
il s'agit d'un effort ascétique qui peut prendre toute une
vie et coûter beaucoup plus cher qu'on ne l'imaginait
au départ.

Le fait que le Christ et nous devenions un, signifie
que ce qui s'applique au Christ s'applique à nous, et
que nous pouvons, d'une manière inconnue au reste du
monde, appeler Dieu notre père, non plus par analogie,
non plus par mode d'anticipation ou de prophétie, mais
avec et comme Jésus. Ceci a une conséquence directe
pour la Prière du Seigneur : d'une part, la prière peut
être dite par n'importe qui, car elle est universelle, elle
est l'échelle de notre montée vers Dieu ; mais d'autre
part, elle est absolument particulière et exclusive : c'est

la prière de ceux qui sont, en Christ, les fils du Père
éternel, qui peuvent lui parler comme des fils.

Quand la prière est envisagée dans sa signification
universelle, il vaut mieux l'étudier et l'analyser en termes de montée, mais ce n'est pas dans cet esprit que le
Christ l'a donnée à ceux qui, en lui et avec lui, sont les
enfants de Dieu, car pour eux il ne s'agit plus de montée
mais d'un état, d'une situation ; nous sommes, dans
l'Église, les enfants de Dieu, et ces premiers mots,
« Notre Père », posent le fait et nous situent à notre
juste place. Il n'est pas bon de dire que nous sommes
indignes de cette vocation. Nous l'avons acceptée et
elle est nôtre. Peut-être serons-nous le fils prodigue, et
nous aurons à en répondre, mais il est certain que rien
ne pourra refaire de nous ce que nous ne sommes plus.
Quand le fils prodigue revint vers son père, prêt à lui
dire : « Je ne suis plus digne d'être appelé ton fils, fais
de moi l'un de tes journaliers » (Lc 15, 19), le père ne
lui permit de prononcer que les premiers mots : « J'ai
péché contre le ciel et contre toi, je ne mérite plus d'être
appelé ton fils ». Certes, il n'est pas digne, mais il
demeure le fils en dépit de son indignité. Quoi que vous
fassiez, que vous en soyez digne ou non, vous ne pouvez
pas ne plus être membre de votre famille. Qui que nous
soyons, quelle que soit notre vie, tout indignes que nous
soyons d'être appelés fils de Dieu, ou d'appeler Dieu
notre père, nous ne pouvons y échapper. Notre place
est là. Il est notre père, et nous devons répondre de
notre relation de fils. Nous sommes créés par lui ses
enfants et ce n'est qu'en renonçant à nos droits de
naissance que nous devenons des fils prodigues. Imaginons que le fils prodigue ne soit pas revenu, mais qu'il

se soit établi et marié en terre étrangère, l'enfant né de ce mariage serait lié par le sang au père du prodigue. S'il revenait un jour au pays natal de son père, il serait reçu comme quelqu'un de la famille ; et, dans le cas contraire, il porterait la responsabilité d'avoir ainsi choisi de demeurer étranger à la famille de son père.

Pour les enfants de nombreuses générations, c'est le baptême qui constitue le retour à la maison du Père. Et nous baptisons un enfant dans le même esprit que nous soignons un bébé né malade. Si plus tard il en vient — à tort — à penser qu'il aurait mieux valu pour lui conserver son infirmité, être inutile à la société et libre du fardeau des obligations sociales, c'est une autre affaire. L'Église, en baptisant un enfant, le soigne pour faire de lui un membre responsable de la seule société réelle.

Rejeter le baptême, cela va jusqu'à rejeter un acte de guérison. Dans le baptême, non seulement nous trouvons la santé mais nous devenons organiquement membres du corps du Christ.

A ce point, appelant Dieu « Notre Père », nous sommes arrivés à Sion, au sommet de la montagne, et au sommet de la montagne nous trouvons le Père, l'amour divin, la révélation de la Trinité ; et juste à l'extérieur des murs la colline que nous appelons le Calvaire, vision où se mêlent l'histoire et l'éternité. De là, nous pouvons nous retourner et regarder en arrière. C'est le lieu où le chrétien peut commencer sa vie chrétienne, ayant achevé sa montée, et où il peut commencer à dire la Prière du Seigneur dans l'ordre même où elle nous a été donnée par le Seigneur, c'est-à-dire comme la prière du Fils unique, la prière de l'Église, la prière de chacun de nous en union avec tous les autres, en tant que fils dans le Fils. Et c'est alors seulement que nous pouvons redescendre de la montagne, pas à pas, pour rencontrer ceux qui sont encore en route ou ceux qui n'ont pas encore pris le départ.

III

La prière de Bartimée

L'histoire de Bartimée, rapportée en Marc 10, 46, nous apprend un certain nombre de choses sur la prière.

Ils arrivent à Jéricho. Et comme il sortait de Jéricho avec ses disciples et une foule nombreuse, le fils de Timée (Bartimée), un mendiant aveugle, était assis au bord du chemin. Quand il apprit que c'était Jésus le Nazaréen, il se mit à crier : « Fils de David, Jésus, aie pitié de moi ! » Et beaucoup le rabrouaient pour lui imposer silence, mais lui criait de plus belle : « Fils de David, aie pitié de moi ! » Jésus s'arrêta et dit : « Appelez-le. » On appelle l'aveugle en lui disant : « Courage, lève-toi, il t'appelle. » Et lui, rejetant son manteau, bondit et vint à Jésus. Alors Jésus lui adressa la parole : « Que veux-tu que je fasse pour toi ? » L'aveugle lui répondit : « Rabbouni, que je voie ! » Jésus lui dit : « Va, ta foi t'a sauvé. » Et aussitôt il recouvra la vue et il cheminait à sa suite.

Cet homme, Bartimée, n'est apparemment plus tout jeune ; voilà des années qu'il se tient assis à la porte de Jéricho, recevant sa subsistance de la pitié ou de la fortune indifférente des passants. Il est probable qu'au cours de son existence, il a tenté tout ce qui était alors possible pour venir à bout de son mal. Enfant, on l'a

vraisemblablement amené au temple, et des prières et
sacrifices ont été offerts pour lui. Il a dû rendre visite
à tous ceux qui pouvaient le guérir, qu'ils eussent un
don ou la science. Il a sûrement combattu pour recou-
vrer la vue, mais en vain. Tout ce qui était humainement possible a été essayé, et pourtant il est resté
aveugle. Durant ces derniers mois, sans doute a-t-il
entendu dire qu'un jeune prédicateur était apparu en
Galilée, un homme attentif aux petits, miséricordieux,
un saint homme de Dieu, capable de guérir et de faire
des miracles. Probablement s'est-il dit que, s'il le pouvait, il s'en irait à sa rencontre ; mais le Christ se
déplaçant de ville en ville, il y avait peu de chance
qu'un aveugle arrivât jusqu'à lui. Et le voilà donc, avec
cette étincelle d'espoir qui rendait sa détresse plus profonde encore et plus aiguë, assis à la porte de Jéricho.

Un jour, une foule passe près de lui, plus nombreuse
que de coutume, une foule orientale bruyante ; l'aveugle
l'entend, demande qui est là, et quand on lui dit qu'il
s'agit de Jésus de Nazareth, le voilà qui se met à crier.
L'étincelle d'espoir qui a survécu en son âme s'embrase
tout à coup en une haute flamme d'espérance. Ce Jésus
qu'il n'a jamais pu rencontrer est donc là, tout proche.
Il passe, il va passer, et peut-être disparaîtra-t-il pour
toujours. Il faut crier, tout de suite : « Jésus, fils de
David, aie pitié de moi ! ». C'est la profession de foi
la plus parfaite qu'il puisse faire en cet instant. Il reconnaît en Jésus le fils de David, le Messie ; il ne peut
encore l'appeler fils de Dieu, puisque même les disciples
l'ignorent ; mais il reconnaît en lui celui qu'on atten-
dait. Alors, bien sûr, on le prie de se taire : c'est mon-
naie courante dans la vie de chacun de nous. Pendant

des années nous avons cherché, lutté, par nos propres forces, et lorsqu'enfin nous nous mettons à crier vers Dieu, combien de voix tentent d'étouffer nos prières, des voix extérieures aussi bien qu'intérieures. Est-ce que cela vaut la peine de prier ? Combien d'années as-tu combattu sans que Dieu ne s'en soucie ? Va-t-il s'occuper de toi maintenant ? Prier, quelle utilité ? Retourne à ta désespérance, tu es aveugle, et aveugle pour toujours. Mais plus l'opposition est grande, plus grande aussi l'évidence que le secours est là, à portée de la main. Le démon ne nous attaque jamais si violemment que lorsque nous sommes presqu'au terme de notre combat ; nous pourrions être sauvés, et si souvent nous ne le sommes pas, c'est que nous baissons les bras au dernier moment. Renonce, souffle le démon, presse-toi, c'en est trop, c'est plus que tu ne peux endurer, tu peux mettre fin à tout cela tout de suite, n'attends pas, tu n'en peux plus. Et alors nous nous suicidons, physiquement, moralement, spirituellement ; nous renonçons au combat et acceptons la mort, à la minute même où nous arrivait le secours et où nous allions être sauvés.

Il ne faut jamais écouter ces voix-là ; plus elles hurlent, plus notre résolution doit être forte ; nous devons être prêts à crier aussi longtemps qu'il le faudra, comme Bartimée. Jésus-Christ allait passer, son dernier espoir allait passer, et ces gens qui entouraient le Christ ou bien étaient indifférents ou alors ils tentaient de le faire taire. Sa douleur, sa souffrance étaient hors de propos. Peut-être avaient-ils moins besoin du Christ que lui, mais eux l'entouraient, et demandaient à Jésus de s'occuper d'eux. Pourquoi cet aveugle dans la détresse les interrompait-il ? Mais Bartimée savait qu'il n'y aurait plus d'espoir pour lui si celui-ci, le dernier, s'évanouissait. Comme d'une source, de cette profondeur de désespoir jaillit une foi, une prière emplie d'une conviction telle et d'une insistance telle qu'elle brisa toutes les barrières — l'une de ces prières qui, comme le dit saint Jean Climaque, frappent aux portes du ciel. Son désespoir était si profond qu'il n'écouta pas les voix lui intimant l'ordre de se taire, de se tenir en paix ; et plus on s'efforçait de l'empêcher d'atteindre le Christ, plus il criait avec force : « Fils de David, aie pitié de moi ! » Le Christ s'arrêta, demanda qu'on le lui amène et fit un miracle.

Dans notre façon pratique de considérer la prière, nous pouvons apprendre de Bartimée que lorsque nous nous tournons vers Dieu de tout notre cœur, il nous entend toujours. En général, lorsque nous réalisons que nous ne pouvons plus nous reposer sur toutes ces choses auxquelles nous étions accoutumés à nous fier, nous ne sommes pas prêts pour autant à y renoncer. Nous voyons bien qu'il n'y a plus d'espoir dans les moyens humains, terrestres. Nous tendons vers quelque chose, nous visons un objectif, sans jamais pouvoir l'atteindre ; sans cesse frustrés, nous sommes dans les tourments et le désespoir et si nous nous en tenons là, nous sommes battus. Mais si, à ce moment-là, nous nous tournons vers Dieu, sachant qu'il ne reste plus que lui, et disons : « J'ai confiance en toi et je remets entre tes mains mon âme et mon corps, ma vie tout entière », alors la désespérance nous a conduits à la foi.

Le désespoir ouvre à une vie spirituelle nouvelle lorsque nous avons assez de courage pour aller plus profond et plus loin, réalisant que ce dont nous désespérons, ce n'est pas la victoire finale mais les moyens utilisés pour l'atteindre. Alors, nous pouvons tout recommencer à zéro. Dieu nous proposera peut-être l'un de ces moyens que nous avons déjà essayés, mais, lui aidant, nous pourrons en user avec succès. Entre Dieu et l'homme une coopération effective est nécessaire en toute circonstance, et Dieu donnera alors intelligence, sagesse et force pour faire ce qu'il faut et atteindre l'objectif juste.

IV

Méditation et prière

On confond souvent méditation et prière, mais cette confusion n'est pas dangereuse si la méditation se transforme en prière ; elle ne l'est que quand la prière dégénère en méditation. Méditer signifie d'abord penser, même quand l'objet de nos pensées est Dieu. Si, de là, nous allons progressivement vers un approfondissement du sens de la prière et de l'adoration, si la présence de Dieu croît en nous avec une puissance telle que nous prenions conscience d'être avec lui et si, graduellement, nous passons de la méditation à la prière, c'est parfait ; mais le contraire ne devrait jamais être accepté, et à cet égard il y a une grande différence entre la méditation et la prière.

La principale distinction entre la méditation et le vagabondage habituel de notre pensée est la cohérence ; méditer devrait être un exercice ascétique de sobriété intellectuelle. A propos de l'activité mentale habituelle de la plupart des gens, Théophane le Reclus dit que les pensées bourdonnent autour de nos têtes comme un essaim de moustiques, monotones, sans direction, sans ordre et sans résultat particulier.

Quel que soit le sujet retenu pour notre réflexion, la première chose à apprendre est de garder le fil. Chaque fois que nous commençons de penser à Dieu, aux choses divines, à tout ce qui touche à la vie de l'âme, des pensées parasites apparaissent ; il y a tellement de choses passionnantes pour captiver notre attention ; pourtant nous devons, ayant choisi le sujet de notre réflexion, renoncer à tous les autres. C'est la seule façon pour notre pensée d'aller droit et profond.

Le but de la méditation n'est pas l'exercice académique de la pensée ; il ne s'agit pas d'une performance purement intellectuelle, ni d'une admirable réflexion sans conséquences ; il s'agit d'un moment de réflexion attentive, tournée vers Dieu et guidée par lui, dont il faudra tirer les conséquences pour notre manière de vivre. Sachons-le bien, une méditation n'a été utile que si elle nous permet de vivre de façon plus précise et plus concrète en accord avec l'Évangile.

Chacun de nous est imperméable à certains problèmes et ouvert à d'autres ; si nous ne sommes pas encore habitués à réfléchir, il vaut mieux commencer par quelque chose qui nous touche, soit qu'il s'agisse de textes que nous trouvons accrochants, qui nous font chaud au cœur, ou d'autres au contraire contre lesquels nous nous révoltons, que nous ne pouvons accepter ; nous trouvons les uns et les autres dans l'Évangile.

Quoi que nous prenions, un verset, un commandement, un événement de la vie du Christ, nous devons tout d'abord vérifier son contenu objectif réel. Cela est extrêmement important dans la mesure où le but de la méditation n'est pas de bâtir une structure fantaisiste mais de comprendre une vérité. Celle-ci existe, elle nous est donnée, c'est la vérité de Dieu, et la méditation a pour objet de lancer un pont entre notre capacité d'entendement déficiente et la vérité révélée. C'est une façon pour nous d'éduquer notre intelligence, et d'apprendre peu à peu à acquérir « la pensée du Christ », comme le dit saint Paul (1 Co, 16).

S'assurer de la signification d'un texte n'est pas toujours aussi simple qu'il y paraît ; il y a des passages tout à fait faciles, et d'autres dont le vocabulaire ne peut être compris qu'en fonction de notre expérience, ou de l'interprétation traditionnelle de ces mots. Par exemple, l'expression « l'épouse de l'Agneau » n'a de sens que si nous savons ce que l'Écriture entend par le mot « Agneau » ; sinon, nous n'avons ici qu'un nonsens absolu et nous passons à côté de la vérité proposée. Il est d'autres mots que nous ne pouvons comprendre correctement que si nous ignorons le sens particulier ou technique qu'ils peuvent avoir acquis.

« Esprit » est de ceux-là. Pour un chrétien, ce mot a un sens technique ; il s'agit soit de l'Esprit saint, troisième Personne de la Trinité, soit de l'une des composantes de l'être humain — corps et âme. Il ne transmet pas toujours avec la même simplicité et la même ouverture ce que les rédacteurs des évangiles voulaient faire passer ; il est devenu tellement spécialisé qu'il a perdu le contact avec sa racine. Pour vérifier la signification d'un texte, il y a encore la définition donnée dans le dictionnaire. Le mot esprit, comme tout autre, paraîtra immédiatement simple et concret, bien qu'il ait pu acquérir par ailleurs une signification plus profonde grâce aux efforts des théologiens. Nous ne devrions jamais considérer d'abord le sens profond, avant d'avoir saisi la signification concrète toute simple, celle que tout un chacun pouvait comprendre à l'époque où le Christ parlait aux foules.

Il est des choses que nous ne pouvons comprendre qu'à l'intérieur de l'enseignement de l'Église ; l'Écriture doit être entendue avec l'esprit de l'Église, la pensée du Christ, parce que l'Église n'a pas changé ; dans son expérience intérieure, elle continue de vivre la même vie qu'au premier siècle ; et les mots prononcés par Paul, Pierre, Basile et bien d'autres au sein de l'Église ont gardé tout leur sens. Donc, après une première interprétation dans notre langage d'aujourd'hui, nous devons nous tourner vers l'Église pour entendre ce qu'elle veut dire par ces mots ; alors seulement nous pouvons être assurés de la signification du texte en cause, et nous avons le droit de commencer à réfléchir, et de tirer des conclusions. Dès que nous avons compris le sens du texte, nous devons nous demander si, à son niveau le plus simple, celui-ci ne nous propose pas déjà des suggestions ou, mieux encore, un ordre exprès. Comme le but de la méditation, de l'intelligence de l'Écriture, est d'accomplir la volonté de Dieu, nous devons tirer des conclusions pratiques et les traduire en actes. Quand nous avons découvert le sens, quand dans cette phrase Dieu nous a parlé, nous devons faire le tour de la question et voir comment agir, ainsi d'ailleurs que nous le faisons chaque fois qu'il nous vient une bonne idée ; quand nous réalisons que·ceci ou cela en vaut la peine, nous nous demandons immédiatement comment le faire passer dans notre vie, de quelle manière, à quelle occasion, par quelle méthode. Il ne suffit pas de discerner ce qui pourrait être fait et de nous mettre à en parler à nos amis avec enthousiasme, il faut le faire. Paul le Simple, un saint égyptien, entendit un jour Antoine le Grand lire le premier verset du premier psaume : « Heureux l'homme qui ne marche pas sur la voie des égarés », et immédiatement prit le chemin du désert. Ce n'est que trente ans plus tard, lorsqu'Antoine le rencontra de nouveau, que saint Paul put lui dire avec grande humilité : « J'ai passé tout ce temps à m'efforcer de devenir l'homme qui ne marche pas dans la voie des égarés ». Pour atteindre la perfection, il n'est pas besoin d'être au clair sur beaucoup de points ; ce qu'il nous faut, c'est trente années d'efforts pour tenter de comprendre et devenir cet homme nouveau.

Nous considérons souvent un point ou deux et puis nous sautons au suivant, en quoi nous avons tort puisque, comme nous venons de le voir, il faut beaucoup de temps pour se « recueillir », devenir ce que les Pères appellent une personne attentive, quelqu'un capable de se concentrer sur une idée si longtemps et si fort que rien n'en soit perdu. Les auteurs spirituels d'hier et d'aujourd'hui nous le diront tous : prends un texte, médite sur lui des heures durant, jour après jour, jusqu'à ce que tu aies épuisé toutes tes possibilités intellectuelles et affectives et que, grâce à une lecture et une relecture attentive de ce texte, tu en sois venu à adopter une attitude nouvelle. Le plus souvent, méditer ce n'est rien autre que scruter le texte, tourner et retourner en tous sens ces mots que Dieu nous adresse, de façon à devenir si totalement familier avec eux, d'en être si pénétrés que ces mots et nous ne fassions plus qu'un. Au cours de ce processus, même si nous croyons n'avoir acquis aucune richesse intellectuelle particulière, nous avons changé.

Les occasions de réfléchir ne manquent pas ; combien de fois dans notre vie quotidienne n'avons-nous rien d'autre à faire qu'attendre, et si nous sommes disciplinés — ce qui fait partie de notre gymnastique spirituelle — nous serons à même de nous concentrer rapidement et de fixer immédiatement notre attention sur le sujet de notre réflexion, de notre méditation. Nous devons apprendre à réussir cela en contraignant notre pensée à s'attacher à un seul objet et à évacuer tout le reste. Au début, des pensées parasites feront irruption, mais si nous les repoussons avec constance, à chaque fois qu'elles se présentent, à la fin elles nous laisseront en paix. Ce n'est que lorsque, grâce à l'entraînement, à l'exercice, à l'habitude, nous serons devenus capables de nous concentrer profondément et rapidement, que nous pourrons traverser l'existence en état de recueillement, quelle que soit par ailleurs notre activité. Cependant, pour prendre conscience de nos pensées parasites, nous devons déjà être arrivés à un certain degré de concentration. Au milieu de la foule, entourés d'une masse de gens, nous pouvons demeurer parfaitement seuls, indifférents à ce qui se passe autour de nous ; il dépend de nous de permettre que ce qui se passe au dehors devienne ou non un événement de notre vie intérieure ; si nous y consentons, notre attention se détendra, mais si nous le refusons, nous pouvons demeurer totalement isolés et concentrés sur la présence de Dieu, quoi qu'il arrive autour de nous. Al Absihi nous rapporte un exemple de ce genre de concentration : une famille musulmane avait pour habitude de conserver un silence respectueux chaque fois qu'elle recevait un visiteur, mais ne se gênait nullement pour vaquer bruyamment à ses occupations quand il était en prière, parce que, dans ces moments-là, il n'entendait rigoureusement rien ; un jour, il ne remarqua même pas un incendie qui venait d'éclater dans sa maison.

Admettons que nous nous trouvions au sein d'un groupe de gens qui discutent avec passion sans espoir de se mettre d'accord. Nous ne pouvons nous retirer sans aggraver encore la situation, mais ce que nous pouvons faire, c'est nous abstraire mentalement, nous tourner vers le Christ et dire : « Je sais que tu es là, à l'aide ! ». Et simplement être avec le Christ. Si cela ne semblait si absurde, on pourrait même dire : rendre le Christ présent dans la situation. Objectivement, il est toujours présent, mais être là objectivement et être introduit dans une situation donnée par un acte de foi, ce n'est pas exactement la même chose. On peut se contenter de rester là, assis, et de demeurer avec le Christ en laissant les autres parler. Sa présence fera plus que tout ce que nous pourrions dire. Et de temps à autre, de façon inattendue, si nous nous sommes tenus paisibles et silencieux avec le Christ, nous nous découvrirons capables de dire une parole judicieuse, qui aurait été tout à fait impensable dans la chaleur du débat.

Parallèlement à la discipline mentale, nous devons apprendre à acquérir un corps pacifié. Quelle que soit notre activité psychologique, notre corps y réagit ; et notre état corporel détermine dans une certaine mesure le genre ou la qualité de notre activité psychologique. Théophane le Reclus, dans ses conseils à ceux qui veulent embrasser la vie spirituelle, déclare que l'une des conditions indispensables au succès est de ne jamais laisser le corps se relâcher : « Soyez comme une corde de violon, accordée sur une note précise, sans relâchement ni surtension, le corps droit, les épaules en arrière, le port de tête aisé, la tension de tous les muscles orientée vers le cœur ». On a beaucoup écrit et beaucoup parlé sur les diverses manières de mettre le corps au service de la concentration, mais à un niveau accessible au plus grand nombre il semble que le conseil de Théophane soit à la fois simple, précis et pratique. Nous devons apprendre à être à la fois détendus et alertes. Nous devons maîtriser notre corps de telle façon qu'il ne soit pas une gêne, mais qu'au contraire il rende plus facile notre concentration recueillie.

Méditer est une activité de la pensée, alors que prier est le rejet de toute pensée. Selon l'enseignement des Pères Orientaux, même les pensées pieuses, les considérations théologiques les plus profondes et les plus hautes, si elles se présentent durant la prière, doivent être considérées comme une tentation et bannies ; parce que, disent les Pères, il est stupide de penser à Dieu et d'oublier que vous êtes en sa présence. Tous les guides spirituels de l'Orthodoxie nous mettent en garde contre une substitution de la rencontre avec Dieu par une réflexion sur Dieu. Prier, c'est essentiellement se tenir face à face avec Dieu, s'efforçant consciemment de demeurer recueilli, absolument paisible et attentif en sa présence ; en d'autres termes, garder en la présence du Seigneur un esprit non divisé, un cœur non partagé, une volonté concentrée ; et ce n'est pas facile. Quel que soit notre entraînement, il y faut quelque chose de plus : l'unité du cœur, de la volonté et de l'esprit n'est accessible qu'à celui pour qui l'amour de Dieu est tout, qui a brisé tous liens, qui est totalement donné à Dieu ; alors il ne s'agit plus d'un effort personnel, mais de l'action de la grâce rayonnante de Dieu.

Dieu doit toujours être le point focal de notre attention, car il est bien des manières dont cette concentration peut être faussée ; lorsque notre prière est inspirée par une intention grave, nous avons le sentiment que tout notre être est devenu prière, nous nous imaginons être dans un état de recueillement profond et véritablement priant, et pourtant cela est faux, car le point focal de notre attention n'est pas Dieu, mais l'objet de notre prière. Quand nous sommes affectivement impliqués, nulle pensée étrangère n'intervient, car nous sommes totalement concernés par ce pour quoi nous prions ; ce n'est que lorsque nous prions pour un autre, ou pour des intentions qui ne nous sont pas personnelles, que notre attention est soudain dispersée, ce qui montre bien que la cause de notre concentration n'était pas la pensée de Dieu, le sens de sa présence, mais notre préoccupation humaine. Cela ne veut pas dire que cette préoccupation humaine soit sans importance, mais que la pensée d'un ami peut être plus forte que la pensée de Dieu, ce qui est un sérieux problème.

L'une des raisons pour lesquelles nous trouvons la concentration si difficile est que l'acte de foi que nous faisons en affirmant : « Dieu est là », n'a pas assez de poids pour nous. Intellectuellement, nous sommes conscients de la présence de Dieu, mais non physiquement, d'une manière telle qu'elle rassemblerait et concentrerait toutes nos énergies, nos pensées, nos émotions et notre volonté, ne faisant plus de nous qu'un bloc d'attention. Si nous nous préparons à la prière par un processus d'imagination : « Le Seigneur Jésus est là, voilà à quoi il ressemble, voilà ce que je sais de lui, voilà ce qu'il signifie pour moi... », plus l'image sera riche et moins la présence sera réelle, car nous bâtissons une idole qui masque la présence réelle. Nous pouvons en tirer quelque secours pour une sorte de concentration affective, mais ce n'est pas la présence de Dieu, la véritable présence objective de Dieu.

Les premiers Pères et toute la tradition orthodoxe nous enseignent que nous devons nous concentrer, par un effort de volonté, sur les mots de la prière que nous prononçons. Nous devons articuler attentivement les mots, objectivement, sans chercher à créer une sorte d'état émotionnel, et nous devons laisser à Dieu le soin d'éveiller en nous la réaction dont nous sommes capables.

Saint Jean Climaque nous indique une façon simple d'apprendre à nous concentrer. Il nous dit : choisissez une prière, que ce soit le Notre Père ou toute autre, mettez-vous en présence de Dieu, prenez conscience de l'endroit où vous êtes et de ce que vous êtes en train de faire, et prononcez attentivement les mots de la prière. Après un certain temps, vous vous apercevrez que vos pensées se sont mises à errer ; recommencez alors la prière aux derniers mots, à la dernière phrase que vous avez prononcés avec attention. Vous aurez peut-être à faire cela dix, vingt ou cinquante fois ; il se pourrait que dans le laps de temps fixé pour votre prière, vous ne prononciez que trois phrases, trois demandes, et soyez incapables d'aller plus loin ; mais dans ce combat vous aurez réussi à vous concentrer sur les mots, de sorte que vous apportez à Dieu, sérieusement, sobrement, respectueusement, des paroles de prière dont vous êtes conscients, et non une offrande qui ne serait pas vôtre parce qu'elle ne serait pas consciente.

Jean Climaque nous conseille aussi de lire la prière de notre choix sans hâte, sur un mode monotone, assez lentement pour avoir le temps de porter attention aux mots, mais pas au point d'en faire un exercice ennuyeux ; et de ne jamais y chercher une expérience affective, car notre but est d'établir une relation avec Dieu. Lorsque nous nous approchons de Dieu, nous ne devrions jamais faire du sentiment ; pour prier il faut se mettre en état de prière, le reste dépend de Dieu.

Dans cette sorte d'entraînement, un temps déterminé est réservé pour la prière, et si la prière est attentive, la durée que vous vous êtes fixée importe peu. Si, au contraire, vous vous étiez donné pour règle de lire trois pages, et qu'au bout d'une demi-heure vous vous aperceviez que vous en êtes toujours aux douze premiers mots, vous éprouveriez évidemment un sentiment de découragement ; c'est pourquoi, il vaut mieux fixer une règle de durée et s'y tenir. Vous savez de combien de temps vous disposez et vous avez le texte sur lequel vous désirez prier ; si vous vous efforcez sérieusement, très vite vous vous apercevrez que votre attention devient docile, parce que l'attention est beaucoup plus dépendante de la volonté que nous ne l'imaginons, et lorsqu'il est absolument certain que, quelles que soient les tentatives d'échappatoire, ce sera vingt minutes et pas un quart d'heure, il ne reste plus qu'à persévérer. Saint Jean Climaque a formé des douzaines de moines par cette formule toute simple : une limite de temps et une attention sans pitié, un point c'est tout.

La beauté extérieure de la liturgie ne doit pas nous faire oublier que la sobriété de la prière est un trait extrêmement important de l'Orthodoxie. Dans les *Récits d'un pèlerin russe* [1], un curé de village donne sur la prière cet avis péremptoire : « Si tu veux être pur, droit et digne d'être aimé, tu dois choisir une courte prière, ayant peu de mots mais des mots de poids, et la répéter fréquemment pendant une longue période. Alors, tu trouveras tes délices dans la prière ». La même idée revient dans les *Lettres du Frère Laurent* : « Je ne vous conseille pas d'employer une multiplicité de mots dans la prière ; beaucoup de mots et de longs discours sont souvent l'occasion de distractions ».

On demanda un jour à Jean de Cronstadt comment il se faisait que les prêtres, en dépit de leur formation, connaissaient la distraction, les pensées parasites, même au cours de la liturgie. La réponse fut : « A cause de notre manque de foi ». Nous n'avons pas assez de foi, la foi étant entendue selon les termes de l'auteur de l'épître aux Hébreux comme « la preuve des réalités qu'on ne voit pas » (He 11, 1). Mais ce serait une erreur de croire que ces distractions viennent toutes de l'extérieur ; nous devons accepter ce fait qu'elles viennent de nos propres profondeurs : ce sont nos préoccupations intérieures constantes qui remontent au premier plan, les pensées qui emplissent habituellement notre existence, et la seule manière d'en venir radicalement à

1. *Récits d'un pèlerin russe*, trad. par P. Laloy, coll. « Livre de Vie », Éd. du Seuil, Paris.

bout est de changer radicalement notre conception de la vie. Comme le note Frère Laurent dans sa huitième lettre : « Une façon d'aider l'esprit à se concentrer facilement dans la prière, et de le maintenir dans la paix, est de refuser de le laisser errer trop loin en toute autre circonstance ; vous devriez le maintenir constamment dans la présence de Dieu ; et ayant pris l'habitude de penser à lui souvent, vous trouverez facile de maintenir votre esprit calme à l'heure de la prière, ou tout au moins de le ramener de ses vagabondages ».

Tant que nous nous soucierons sérieusement de toutes les banalités de l'existence, nous ne pouvons espérer prier de tout notre cœur ; car celles-ci ne cesseront d'interférer dans le cours de nos pensées. Il en va de même de nos relations quotidiennes avec autrui, qui ne devraient pas consister simplement en bavardage mais se fonder sur ce qu'il y a de plus essentiel en nous, car sinon nous serons incapables de nous situer à un autre niveau lorsque nous nous tournerons vers Dieu. Nous devons arracher de notre cœur et de nos relations avec autrui tout ce qui est insignifiant et vulgaire, afin de nous concentrer sur ces choses que nous serons capables d'emporter avec nous dans l'éternité.

Il est impossible de devenir un autre être au moment où nous nous mettons à prier, mais en surveillant ses pensées on apprend peu à peu à en apprécier le degré de valeur. C'est dans notre vie quotidienne que nous cultivons les pensées qui surgissent de façon irrépressible à l'heure de la prière. A son tour, la prière modifiera et enrichira notre vie quotidienne, devenant le fondement d'une relation nouvelle et véritable avec Dieu et notre prochain.

Dans notre effort pour bien prier, les émotions n'ont pratiquement aucun intérêt ; ce que nous devons apporter à Dieu, c'est une détermination ferme et totale de lui être fidèles et de lutter pour qu'il soit vivant en nous. Nous devons nous rappeler que les fruits de la prière ne sont pas tel ou tel état émotionnel, mais un profond changement de toute notre personnalité. Notre objectif est de devenir capables de nous tenir devant Dieu et de nous concentrer en sa présence, tous nos besoins étant polarisés sur Dieu, et de recevoir la puissance, la force, tout ce qu'il nous faut pour que la volonté de Dieu puisse s'accomplir en nous. Que la volonté de Dieu soit accomplie en nous, c'est là le seul but de la prière, et c'est aussi le critère de la bonne prière. Ce n'est pas le sentiment mystique que nous pouvons éprouver, ni nos émotions, qui font la bonne prière. Théophane le Reclus dit : « Vous vous demandez : " Ai-je bien prié aujourd'hui ? " Ne cherchez pas si vos émotions ont été profondes, ou si vous comprenez mieux les choses divines ; demandez-vous : " Est-ce que j'accomplis mieux qu'avant la volonté de Dieu ? " Si oui, la prière a porté ses fruits, si non, elle est passée à côté de son but, quel que soit le bénéfice d'intelligence ou de sentiment que vous ayez pu tirer de ce moment passé dans la présence de Dieu ».

La concentration, qu'il s'agisse de méditation ou de prière, ne peut s'obtenir que par un effort de volonté. Notre vie spirituelle est fondée sur notre foi et notre détermination, et toute joie adventice est un don de Dieu. Lorsqu'on demandait à saint Séraphin de Sarov comment il se faisait que certains demeuraient pécheurs et ne faisaient jamais de progrès alors que d'autres devenaient des saints et vivaient en Dieu, il répondait : « Affaire de détermination ». Nos actes doivent être déterminés par une décision de la volonté, qui va généralement à l'inverse de ce que nous souhaiterions ; cette volonté, fondée sur la foi, se heurte toujours à une autre volonté, notre volonté instinctive. Il y a deux volontés en nous, l'une est la volonté consciente, que nous possédons à un degré plus ou moins élevé, et elle consiste en la capacité de nous contraindre à agir selon nos convictions. La seconde, bien différente, représente les aspirations, les prétentions, les désirs de notre nature, et elle est souvent tout à fait opposée à la première. Saint Paul parle des deux lois qui se combattent en nous (Rm 7, 23). Il parle de l'ancien et du nouvel Adam qui s'affrontent. Nous savons que l'un doit périr pour que l'autre vive, et nous devons prendre conscience de ce que notre vie spirituelle, notre vie en tant qu'être humain pris comme un tout, ne sera jamais achevée tant que ces deux volontés ne coïncideront pas. Il ne suffit pas de viser la victoire de la volonté bonne sur la mauvaise ; la mauvaise, c'est-à-dire les aspirations de notre nature déchue, doit absolument, encore que progressivement, se transformer en aspiration vers Dieu, en désir de Dieu. Le combat est rude et ses implications profondes.

La vie spirituelle, la vie chrétienne, ne consiste pas à développer en nous une volonté forte capable de nous contraindre à faire ce que nous ne voulons pas. En un sens, certes, faire le bien quand nous avons plutôt envie de faire le mal, c'est une réussite, mais une réussite modeste. Une vie spirituelle adulte implique que notre volonté consciente soit accordée aux paroles de Dieu, et qu'elle ait remodelé, transformé si profondément notre nature, avec l'aide de la grâce de Dieu, que la totalité de notre personne ne soit plus qu'une seule volonté. Pour commencer, nous devons soumettre et plier notre volonté en obéissant aux commandements du Christ, pris objectivement, appliqués strictement, même quand ils bousculent ce que nous savons de la vie. Nous devons, par un acte de foi, admettre contre toute évidence que le Christ a raison. L'expérience nous enseigne que certaines choses ne semblent pas aller comme les évangiles disent qu'elles le devraient ; mais Dieu dit qu'en réalité, elles sont ce qu'elles doivent être. Nous devons aussi nous rappeler que lorsque nous accomplissons la volonté de Dieu en ce sens objectif, nous ne devons pas le faire à titre expérimental, pour la soumettre à l'épreuve, et voir ce qui en découle, car alors cela ne marche pas. L'expérience nous apprend que lorsqu'on nous frappe la joue droite, nous avons envie de riposter ; le Christ nous dit : « Tends l'autre joue ». Ce que nous espérons, en fait, lorsque nous nous déterminons finalement à tendre l'autre joue, c'est convertir l'adversaire et gagner son admiration. Mais si, au lieu de cela, il nous frappe effectivement la joue gauche, nous sommes surpris et indignés, comme si Dieu nous avait « roulés » en nous incitant à faire une chose impraticable.

Nous devons dépasser cette attitude, être prêts à faire la volonté de Dieu et à en payer le prix. Si nous ne sommes pas prêts à payer le prix, nous perdons notre temps. L'étape suivante consiste à apprendre que faire ne suffit pas, car il ne s'agit pas de s'exercer au christianisme, nous devons *devenir* chrétiens ; en faisant la volonté de Dieu, nous devons apprendre à comprendre le dessein de Dieu. Le Christ nous a clairement exprimé ses intentions, et ce n'est pas pour rien que dans l'évangile de Jean il ne nous appelle plus ses serviteurs mais ses amis, car le serviteur ignore ce que fait son maître, et qu'il nous a appris tout ce qu'il a appris de son Père (Jn 15, 15). Faire la volonté de Dieu, il nous faut apprendre ce que cela implique, afin que par la pensée, dans notre volonté et notre comportement, nous devenions les coopérateurs du Christ (1 Co 3, 9). Étant un seul esprit, nous deviendrons progressivement au dedans ce que nous nous efforçons d'être au dehors.

Nous voyons bien que nous ne pouvons participer profondément à la vie de Dieu que si nous changeons en profondeur. Il est donc essentiel que nous allions à Dieu afin qu'il nous transforme, et c'est pourquoi nous devrions lui demander avant tout la conversion. En latin, conversion signifie tournant, changement de direction. Le mot grec *metanoia* signifie changement d'esprit. Se convertir signifie qu'au lieu de passer notre vie à regarder dans toutes les directions, nous ne devons en suivre qu'une seule. C'est se détourner d'un grand nombre de choses que nous ne placions très haut que parce qu'elles nous plaisaient ou nous rendaient service. Le premier résultat de la conversion est de modifier notre échelle de valeurs : Dieu étant au centre de tout, tout prend une position et une profondeur nouvelles. Tout ce qui est de Dieu, tout ce qui lui appartient, est positif et réel. Tout ce qui est en dehors de lui n'a ni valeur ni sens. Mais ce n'est pas le seul changement de l'esprit que nous pouvons appeler conversion. Nous pouvons changer d'esprit et nous en tenir là ; ce qu'il faut ensuite, c'est un acte de la volonté, et tant que notre volonté ne se met pas en branle en rectifiant sa trajectoire vers Dieu, il n'y a pas de conversion ; au mieux, il y a en nous un changement naissant, encore virtuel et inactif. Il est bien évident qu'il ne suffit pas de regarder dans la bonne direction sans jamais faire un pas. Le repentir ne doit pas être pris pour du remords, il ne consiste pas à regretter vivement que tout n'ait pas été parfait dans le passé ; c'est une attitude active, positive, qui consiste à marcher dans la bonne direction. Cela est parfaitement clair dans la parabole des deux fils (Mt 21, 28). A tous deux, le père demande d'aller travailler à sa vigne. L'un répond : « J'y vais », mais il n'en fait rien. L'autre dit : « Je ne veux pas », puis, pris de remords, il y va. Voilà un vrai repentir, et nous ne devrions jamais nous leurrer en nous imaginant que nous lamenter sur le passé est un acte de repentir. C'en est un élément, bien sûr, mais le repentir demeure mensonger et inutile tant qu'il ne nous a pas amenés à faire la volonté du père. Nous avons tendance à penser qu'il se résume à de nobles émotions, et nous nous satisfaisons de ces émotions, au lieu de changements réels et profonds.

Quand nous avons mal agi envers quelqu'un et que nous réalisons que nous avions tort, bien souvent nous allons exprimer nos regrets à cette personne, et si la conversation a été chargée d'émotivité, si les larmes, le pardon et les épanchements se sont donnés libre cours, nous nous en allons avec le sentiment que nous avons fait tout notre possible. Nous avons pleuré ensemble, nous sommes en paix, maintenant tout va bien. Or, cela ne va pas bien du tout. Nous nous sommes simplement délectés de nos vertus et notre interlocuteur, qui peut avoir le cœur bon et sensible, a participé à notre émotion. Mais précisément, la conversion n'a rien à voir avec cela. Personne ne nous demande de verser des pleurs, ni d'avoir une touchante entrevue avec la victime, même quand la victime est Dieu. Ce qu'on attend de nous, c'est qu'ayant compris ce qui est mal, nous fassions le bien.

Et là conversion ne s'arrête pas là ; elle doit nous conduire plus loin dans ce processus de transformation. La conversion a un début, elle n'a pas de fin. C'est un processus incessant par lequel nous devenons toujours un peu plus ce que nous devons être, jusqu'à ce que, après le Jugement, ces catégories de chute, de conversion et de justice disparaissent et soient remplacées par celles de la vie nouvelle. Comme le dit le Christ : « Je fais toutes choses nouvelles » (Ap 21, 5).

On peut prier partout et en tout lieu, mais il est pourtant des lieux où la prière trouve son climat naturel ; ce sont les églises, qui répondent à la promesse : « Je les réjouirai dans ma maison de prière » (Is 56, 7).

Une église, dès lors qu'elle est consacrée, mise à part, devient la demeure de Dieu. Il y est présent d'une autre façon que dans le reste du monde. Dans le monde, il est présent comme un étranger, un pèlerin, quelqu'un qui va de porte en porte, qui n'a pas d'endroit où reposer la tête ; il va, maître du monde rejeté par le monde et expulsé de son royaume, et qui revient pour sauver son peuple. Dans l'église, il est chez lui ; non seulement il est le créateur et de droit le maître, mais il y est reconnu comme tel. Hors d'elle, il agit quand il peut et comme il peut ; dans l'église, il a tout pouvoir, toute puissance, et c'est à nous d'aller à lui.

Quand nous bâtissons une église ou consacrons un lieu de culte, nous faisons une chose qui va beaucoup plus loin que la signification évidente du fait. Le monde tout entier, créé par Dieu, est devenu le lieu du péché de l'homme ; le démon y a agi et le combat n'y cesse pas ; il n'est nul endroit au monde qui n'ait été souillé de sang, de souffrance ou de péché. Quand nous en choisissons une petite partie, que nous faisons appel à la puissance de Dieu lui-même, pour bénir ce lieu par des rites qui transmettent sa grâce ; quand nous le purifions de la présence de l'esprit mauvais et le mettons à part pour être la demeure de Dieu sur la terre, nous reconquérons pour Dieu un fragment de ce monde profané. On peut dire que c'est un lieu où le royaume de Dieu se révèle et se manifeste avec puissance. Quand nous entrons à l'église, nous devons être conscients que nous foulons un sol sacré, un lieu qui appartient à Dieu, et nous comporter en conséquence.

Les icônes aux murs de nos églises ne sont pas simplement des images ou des peintures : une icône est un signe de la présence réelle. Saint Jean Chrysostome nous conseille, avant de prier, de nous placer devant une icône et de fermer les yeux. Il dit : « fermez vos yeux », parce que ce n'est pas en examinant l'icône, en l'utilisant comme une aide visuelle, qu'elle nous soutient dans la prière. Ce n'est pas une présence substantielle au sens où le pain et le vin sont le corps et le sang du Christ. En ce sens-là, une icône n'est pas le Christ, mais il y a entre eux un lien mystérieux. Par le pouvoir de la grâce, une icône participe de quelque chose que Grégoire Palamas appelle l'énergie du Christ, la puissance active du Christ œuvrant à notre salut.

Peindre une icône, c'est faire acte de prière. Le bois est choisi et béni, la peinture est bénite, l'homme qui veut peindre s'y prépare par le jeûne, la confession, la communion. Durant son travail, il se conforme à des règles ascétiques, et quand son œuvre est achevée, elle est aspergée d'eau bénite et ointe (cette dernière partie de la bénédiction est malheureusement souvent omise de nos jours). Ainsi, par la puissance de l'Esprit Saint, l'icône devient plus qu'une peinture. Elle est lourde de présence, imprégnée de la grâce de l'Esprit et liée au saint particulier qu'elle représente dans et par le mystère de la communion des saints et l'unité cosmique de toutes choses. On ne peut dire de l'icône que la présence du saint y soit identique ni même similaire à celle que nous trouvons dans l'eucharistie, et pourtant il y a là un signe de cette présence réelle dont l'Église fait l'expérience et qu'elle enseigne. Une icône n'est pas une apparence, c'est un signe. Certaines sont devenues par la puissance et la sagesse de Dieu, des icônes miraculeuses. Quand vous vous trouvez en leur présence, vous vous sentez interpellé par elles.

Un prêtre qui visitait récemment la Russie, célébra dans une église où se trouve une icône miraculeuse de la Vierge bien connue, et il ressentit profondément la participation active de celle-ci durant l'office. Au cours des siècles, l'icône avait pris une teinte de plus en plus foncée, et de l'endroit où il se tenait il ne pouvait en distinguer les traits, de sorte qu'il continua de célébrer, les yeux clos. Soudain, il sentit que la Mère de Dieu, sur son icône, était là, le poussant à prier, dirigeant ses prières, modelant sa pensée. Il prit conscience d'un pouvoir émanant de l'icône, qui emplissait l'église de prière et guidait les pensées diffuses. C'était une présence quasi physique, il y avait là une personne, exigeant une réponse.

V

Prière et demande non exaucées

Dans l'épisode de la Cananéenne (Mt 15, 22), nous voyons le Christ refuser — au moins au début — de répondre à une prière ; nous avons ici le cas d'une prière soumise à rude épreuve. La femme demande quelque chose d'absolument normal, elle se présente avec une foi entière et ne dit même pas : « si tu peux », elle se contente de venir, sûre que le Christ peut guérir son enfant, et qu'il le voudra. A toute cette foi, la réponse est : « Non ». Ce n'est pas que la prière ne soit pas digne, ou la foi insuffisante, mais tout simplement que la personne n'appartient pas à la bonne catégorie. Le Christ est venu pour les Juifs, et c'est une païenne ; il n'est pas venu pour elle. Mais elle insiste, disant : « Oui, je ne suis pas de la bonne race, mais même les petits chiens mangent les miettes qui tombent de la table de leur maître ». Et elle se tient là, confiante en l'amour de Dieu, en dépit de ce que Dieu lui dit, humblement confiante en dépit de la raison qu'il lui donne. Elle n'invoque même pas l'amour de Dieu, elle en appelle simplement à son expression quotidienne : Je n'ai pas droit à une miche, donne-moi seulement des miettes. Le refus clair et tranchant du Christ éprouve sa foi, et sa prière est exaucée.

Combien souvent nous implorons Dieu en disant :
« Si... », « O Dieu, si... si tu le veux... si tu le peux... »,
tout comme le père dit au Christ : « Tes disciples n'ont
pas été capables de guérir mon fils... Si tu peux quelque
chose, viens à notre aide » (Mc 9, 18. 22). Le Christ
répond par un autre « si » : si tu crois, fût-ce très peu,
tout est possible à celui qui croit. L'homme alors déclare : « Je crois ! Viens en aide à mon peu de foi ! ».
Les deux « si » sont corrélatifs, car s'il n'y a pas de foi,
il n'y a pas non plus de possibilité pour Dieu de s'inté-
grer à la situation.

Le fait que l'on se tourne vers Dieu devrait être une
preuve de foi, mais il ne l'est que dans une certaine
mesure ; nous croyons et nous ne croyons pas, dans le
même mouvement, et la foi manifeste sa vitalité en
triomphant de ses propres doutes. Lorsque nous disons :
« Oui, je doute, mais je crois en l'amour de Dieu plus
que je ne me fie à mes propres doutes », alors il devient
possible à Dieu d'agir. Mais si l'on croit en la loi et non
en la grâce, si l'on croit que le monde, tel que nous le
connaissons, avec ses lois mécaniques, est mécanique
parce que Dieu a voulu qu'il ne soit qu'une machine,
alors il n'y a pas de place pour Dieu. Pourtant, l'expérience du cœur, comme la science moderne, nous enseigne que cette loi absolue à laquelle croyaient les hommes du XIXe siècle, n'existe pas. Chaque fois que, par la
foi, le royaume de Dieu est recréé, un lieu existe où les
lois du royaume peuvent s'exercer, c'est-à-dire que
Dieu peut intervenir avec sa sagesse, sa capacité d'introduire le bien au sein d'une situation mauvaise, sans pour
autant bouleverser le monde entier. Notre « si » se
réfère moins à la puissance de Dieu qu'à son amour et

à sa compassion ; et la réponse de Dieu : « si tu peux croire en mon amour, tout est possible », signifie que nul miracle ne peut se produire si, au moins de façon naissante, le royaume de Dieu n'est présent.

Un miracle n'est pas rupture des lois de ce monde déchu, c'est le rétablissement des lois du royaume de Dieu ; le miracle ne se produit que si nous croyons que la loi dépend non pas de la puissance mais de l'amour de Dieu. Nous savons bien que Dieu est tout-puissant, mais aussi longtemps que nous pensons qu'il ne se soucie pas de nous, nul miracle n'est possible ; pour l'accomplir, Dieu devrait imposer sa volonté, et cela il ne le fait pas, car au cœur de sa relation avec le monde, même déchu, il y a son absolu respect pour la liberté humaine et les droits de l'homme. Quand vous dites : « Je crois, et c'est pourquoi je me suis tourné vers toi », cela veut dire : « Je crois que tu le voudras, qu'il y a en toi de l'amour, que tu es effectivement concerné par la moindre situation individuelle ». Du moment que ce grain de foi existe, la relation correcte s'établit et le miracle devient possible.

A côté de ce genre de « si », lié à notre doute en l'amour de Dieu, et qui est mauvais, il existe une légitime catégorie de « si ». On peut dire : « Je demande cela, si c'est conforme à ta volonté, ou si c'est pour le mieux, ou s'il n'entre aucune intention secrète mauvaise en moi lorsque je fais cette demande », etc. Tous ces « si » sont plus que légitimes, car ils impliquent une attitude de défiance envers nous-mêmes ; et toute prière de demande devrait être une « prière avec un si ».

Comme l'Église est le Christ continué à travers le temps et l'espace, toute prière chrétienne devrait être

la prière du Christ, bien que cela implique une pureté
du cœur qui nous fait défaut. Les prières de l'Église
sont les prières du Christ, spécialement dans le canon
de la liturgie, où c'est, d'un bout à l'autre, le Christ lui-
même qui prie ; mais toute autre prière par laquelle
nous demandons quelque chose en rapport avec une
situation concrète est toujours tenue au « si ». Dans
la plupart des cas, nous ne savons pas quelle aurait été
la prière du Christ dans cette même situation, aussi
introduisons-nous le « si », qui signifie que, pour autant
qu'on puisse en juger, pour autant que l'on connaisse
la volonté de Dieu, voilà ce que nous souhaitons qu'il
arrive pour répondre à sa volonté. Mais le « si » signifie
également : je mets sous ces mots mon désir de voir
advenir le meilleur, et c'est pourquoi tu peux modifier
cette demande concrète dans le sens que tu choisiras,
tenant compte de mon intention, de mon désir que ta
volonté soit faite, même si c'est manquer de sagesse de
déclarer moi-même comment je voudrais qu'elle se
fasse (Rm 8, 26). Lorsque, par exemple, nous prions
pour la guérison d'une personne, pour qu'elle nous
revienne d'un long voyage, ou pour tout objet qui nous
paraît essentiel, notre intention profonde est le bien de
cette personne, mais nous manquons de clairvoyance à
son égard, et nous pouvons nous tromper sur les délais
et les moyens. « Si » implique que, pour autant que je
puisse discerner ce qui est juste, il soit fait comme je
l'implore, mais si je me trompe, ne me prends pas au
mot, mais vois l'intention. Le staretz Ambroise d'Optina
avait ce type de clairvoyance qui lui permettait de voir
le bien réel de la personne en cause. Le peintre d'icônes
du monastère venait de recevoir une importante somme

d'argent et s'apprêtait à prendre la route pour retourner chez lui. Sans doute demanda-t-il de pouvoir partir sur-le-champ ; mais le staretz retarda délibérément ce départ de trois jours, le sauvant ainsi du meurtre et du vol préparés par l'un de ses apprentis. Quand il partit enfin, le malfaiteur, fatigué d'attendre, avait abandonné le lieu de son embuscade ; et ce n'est que des années plus tard que le peintre découvrit de quel danger le staretz l'avait préservé.

Nous prions parfois pour quelqu'un que nous aimons, qui aurait besoin d'un secours quelconque et que nous sommes impuissants à aider. Bien souvent nous ne savons pas ce qu'il faudrait, nous ne trouvons pas les mots pour aider même ceux qui nous sont le plus chers. Il arrive que nous ne puissions rien faire d'autre que demeurer silencieux, alors que pourtant nous donnerions notre vie pour eux. Dans cet esprit nous pouvons nous tourner vers Dieu, lui confier la situation et dire : « O Dieu, qui sais tout et dont l'amour est parfait, prends cette vie dans tes mains, et fais ce à quoi j'aspire sans pouvoir y arriver ». La prière étant un engagement, nous ne pouvons prier en toute vérité pour ceux-là que nous ne serions pas prêts à aider nous-mêmes. Soyons prêts à entendre avec Isaïe la parole du Seigneur : « Qui enverrai-je ? quel sera notre messager ? » et à répondre : « Me voici, envoie-moi ! » (Is 6, 8).

Beaucoup sont consternés à l'idée de prier pour les morts, et ils se demandent à quoi cela peut bien servir et ce qu'on peut espérer par là. Le destin des défunts peut-il être changé si l'on prie pour eux, la prière convaincra-t-elle Dieu de commettre une injustice et de leur accorder ce qu'ils n'ont pas mérité ?

Si vous croyez que prier pour les vivants soit une aide pour eux, pourquoi nè prieriez-vous pas pour les morts ? La vie est une puisque, comme le dit saint Luc : « Ce n'est pas un Dieu de morts mais de vivants » (20, 38). La mort n'est pas une fin, mais une étape dans la destinée humaine, et cette destinée n'est pas figée à l'instant de la mort. L'amour qu'exprime notre prière ne peut être vain ; si l'amour avait un pouvoir ici-bas mais n'en avait plus après la mort, cela contredirait tragiquement ce mot de l'Écriture : « L'amour est fort comme la mort » (Cantique 8, 6), et l'expérience de l'Église, pour qui l'amour est plus puissant que la mort puisque le Christ a vaincu la mort par amour pour les hommes. C'est une erreur de croire que les rapports de l'homme avec la vie terrestre cessent avec la mort. Au cours de la vie, on sème des graines. Ces semences se développent dans l'âme d'autres hommes et affectent leur destinée, et le fruit né de ces graines appartient en vérité à ceux qui le portent mais aussi à ceux qui les ont semées. Les paroles écrites ou prononcées qui changent une vie humaine ou le destin de l'humanité, telles que celles de prédicateurs, de philosophes, de poètes ou d'hommes politiques, restent sous la responsabilité de leurs auteurs, non seulement pour le mal mais pour le bien ; le destin de leurs auteurs sera forcément affecté par la manière dont ces paroles auront influencé ceux qui viendront après eux.

La vie de toute personne continue d'avoir des répercussions jusqu'au jugement dernier, et la destinée éternelle, définitive, de l'homme n'est pas seulement déterminée par le bref laps de temps qu'il a passé sur cette terre, mais aussi par les résultats de sa vie, ses bonnes et ses mauvaises conséquences. Ceux qui ont reçu la semence semée dans une bonne terre, peuvent influencer le destin du défunt en suppliant Dieu de bénir l'homme qui a transformé leur vie, donné un sens à leur existence. En se tournant vers Dieu en un acte d'amour, de fidélité et de gratitude, ils pénètrent dans ce royaume éternel qui transcende les limites du temps, et ils peuvent influencer la destinée et la situation du défunt. Il n'y a là rien d'injuste dans ce qui est demandé à Dieu ; nous ne lui demandons pas simplement de pardonner à un homme en dépit de ce qu'il a fait mais de le bénir en raison du bien qu'il a fait, dont d'autres vies peuvent porter témoignage.

Notre prière est un acte de gratitude et d'amour, dans la mesure où notre existence prolonge ce pour quoi il a combattu. Nous ne demandons pas à Dieu d'être injuste, et nous ne nous considérons pas comme plus compatissants et plus aimants que lui ; nous ne lui demandons pas d'être plus miséricordieux qu'il ne l'aurait été ; nous apportons à son jugement de nouveaux éléments, et nous prions pour que ces éléments soient pris en considération, et que la bénédiction de Dieu se répande en abondance sur celui qui a eu une telle part dans notre vie. Il est important de comprendre que nous ne prions pas pour convaincre Dieu de quoi que ce soit, mais pour porter témoignage que cette personne n'a pas vécu en vain, qu'elle a aimé ou inspiré de l'amour.

Quiconque a suscité l'amour a quelque chose à apporter pour sa défense, mais c'est à ceux qui restent de té-

moigner de ce qu'il a fait pour eux. Ici, non plus, il ne
s'agit ni de bonne volonté ni de sentiment. Saint Isaac
de Syrie dit : « Ne réduis pas ta prière à des mots, fais
de toute ta vie une prière à Dieu. » C'est pourquoi, si
nous voulons prier pour nos morts, notre vie doit être
garante de notre prière. Il ne suffit pas d'exciter en nous
de temps à autre un certain sentiment envers eux et puis
de demander à Dieu de faire quelque chose pour eux.
Il est essentiel que toute semence de bien, de vérité et de
sainteté qu'ils ont semée porte du fruit, car alors nous
pouvons nous tenir devant Dieu et dire : il a semé
comme il faut, il y avait en lui une certaine qualité qui
m'a poussé à agir bien, et cette particule de bien n'est
pas à moi, elle est sienne, elle est d'une certaine façon
sa gloire et son salut.

L'Église orthodoxe a des idées très arrêtées sur la
mort et les obsèques. Le service funéraire commence
par : « Béni soit notre Dieu » ; il nous faut réaliser le
poids de ces mots, car nous les prononçons en dépit de
la mort, en dépit de l'absence, en dépit de la souffrance.
Le service est fondé sur les Matines, office de louange
et de lumière, les assistants portent des cierges allumés,
symbole de la résurrection. L'idée fondamentale de ces
funérailles est que, s'il est vrai que nous affrontons la
mort, celle-ci ne nous effraie plus quand nous la regardons à travers la résurrection du Christ.

Ces funérailles donnent en même temps le sentiment
de l'ambiguïté de la mort, elles en montrent les deux
versants. La mort est inacceptable, c'est une monstruosité : nous avons été créés pour vivre — et, pourtant,
dans ce monde que le péché des hommes a rendu dif-

forme, la mort est la seule issue. Si notre monde de péché était immuable et éternel, ce serait l'enfer ; la mort est la seule chose qui permette à la terre d'échapper à cet enfer, en même temps qu'à la souffrance et au péché.

L'Église perçoit bien ces deux aspects ; saint Jean Damascène a écrit là-dessus avec un réalisme extrême, de façon très crue, car un chrétien ne peut être romantique lorsqu'il s'agit de la mort. Mourir veut effectivement dire mourir, de même que lorsque nous parlons de la croix, il faut nous rappeler qu'il s'agit d'un instrument de mort. La mort est la mort, avec sa laideur tragique et sa monstruosité, et pourtant elle est en fin de compte la seule chose qui puisse nous donner l'espérance. D'une part, nous désirons vivre ; de l'autre, si nous désirons vivre avec assez de force, nous désirons mourir, car en ce monde limité il est impossible de vivre pleinement. Certes, il y a anéantissement de quelque chose mais un anéantissement qui, conjugué avec la grâce de Dieu, conduit à une plénitude de vie que nous ne connaîtrions pas autrement. « Mourir m'est un gain », dit saint Paul (Ph 1, 21), puisque, vivant dans notre corps, nous sommes séparés du Christ. Quand nous avons atteint une certaine mesure de vie — indépendante de la durée — nous devons quitter cette vie limitée pour entrer dans la vie sans limites.

Le service funéraire orthodoxe est, de façon frappante, centré autour du cercueil ouvert, parce que la personne est encore considérée dans son intégrité, corps et âme, l'Église se souciant de l'une et de l'autre. Le corps a été préparé pour les funérailles ; le corps n'est pas, comme le disent nombre de gens appa-

remment dévots, un vêtement usé que l'on a rejeté pour
que l'âme soit enfin libre. Pour un chrétien, le corps
est beaucoup plus que cela ; il n'est rien qui touche à
l'âme où le corps n'ait de part. C'est par le corps que
nous enregistrons les impressions de ce monde-ci, mais
en partie aussi celles du monde divin. Tout sacrement
est un don de Dieu, conféré à l'âme au moyen d'actions
physiques ; l'eau du baptême, l'huile de l'onction, le
pain et le vin de la communion sont tous tirés du monde
de la matière. Nous ne pouvons jamais faire le bien ou
le mal que par l'intermédiaire de notre corps. Le corps
n'est pas là pour que, si l'on peut dire, l'âme y naisse,
y grandisse et puis s'en aille en l'abandonnant ; le corps,
du premier jour au dernier, est le coopérateur de l'âme
en tout, et il constitue avec l'âme, l'homme total. Il
demeure, pour ainsi dire, à jamais marqué par l'em-
preinte de l'âme et la vie commune qui est la leur. Lié
à l'âme, le corps est également lié par les sacrements à
Jésus-Christ lui-même. Nous communions à son corps
et à son sang, et notre corps est ainsi uni de plein
droit au monde divin avec lequel il entre en contact.

Un corps sans âme n'est qu'un cadavre et ne nous
intéresse pas ici ; une âme sans corps, fût-ce l'âme d'un
saint qui va « droit au ciel », ne jouit pas encore de la
félicité que l'être humain tout entier est appelé à connaître à la fin des temps quand la gloire de Dieu illumine-
ra son corps et son âme.

Comme le dit saint Isaac le Syrien, la félicité éternelle elle-même ne peut être imposée à l'être humain
sans l'accord du corps. Il est extrêmement frappant de
trouver ce propos sur l'importance du corps dans
l'œuvre de saint Isaac, qui est l'un des maîtres de l'ascé-

tisme, l'un de ceux dont on pourrait aisément penser qu'il a passé son temps à mortifier son corps. Mais, selon les termes de saint Paul, les ascètes détruisaient leur corps de péché afin de passer de la corruption à l'éternité (Rm 6, 6), ils ne tuaient pas leur corps afin que l'âme puisse s'en échapper comme d'une prison.

Ainsi le corps mort est-il objet des soins de l'Église, même s'il s'agit du corps d'un pécheur ; et toute l'attention que nous lui accordons de son vivant n'est rien à côté de la vénération dont on l'entoure lors de ses funérailles.

De la même façon, le corps est lié à l'âme dans la vie de prière. Toute perversité, tout excès, toute dégradation que nous faisons nous-mêmes subir à nos corps abîme l'une des deux composantes de cet ensemble de telle façon que l'autre s'en trouve endommagée ; autrement dit, l'indignité imposée de l'extérieur peut être vaincue par la prière ; mais l'indignité que je m'inflige à moi-même détruit ma prière.

La caractéristique de la prière chrétienne est qu'elle est la prière du Christ que, de génération en génération, dans des situations sans cesse nouvelles, font monter vers son Père ceux qui, par grâce et participation, sont la présence du Christ en ce monde ; c'est une prière continuelle, incessante, faite à Dieu, pour que sa volonté soit faite, pour que tout se passe selon son dessein de sagesse et d'amour. Cela signifie que notre vie de prière est en même temps un combat contre tout ce qui n'est pas du Christ. Nous préparons le terrain pour notre prière chaque fois que nous rejetons quelque chose qui n'est pas du Christ, qui est indigne de lui, et seule

la prière de celui qui peut dire, comme saint Paul :
« Ce n'est plus moi qui vis, mais le Christ qui vit en
moi » (Gal 2, 20), est vraiment une prière chrétienne.

Pourtant, au lieu de demander que la volonté divine
soit faite, nous nous efforçons souvent de convaincre
Dieu d'agir dans le sens de notre désir. Comment de
telles prières ne seraient-elles pas vaines ?

Quelle que soit la qualité de notre prière, nous devons être sans cesse conscients de ce que la meilleure
idée peut être erronée. Quelle que soit la sincérité de
nos intentions, son adéquation aux lumières que nous
possédons, toute prière peut à un certain moment s'éga-
rer, et c'est pourquoi, quand nous avons dit à Dieu tout
ce que nous avions à lui dire, nous devons ajouter,
comme le Christ le fit au jardin de Gethsémani : « Non
pas ce que je veux, mais ce que tu veux » (Mt 26, 39).
Dans le même esprit, nous pouvons faire appel à l'intercession des saints : nous leur apportons nos bonnes intentions, mais nous leur confions le soin de les faire
cadrer avec la volonté de Dieu, qu'eux connaissent.

« Demandez et l'on vous donnera » (Mt 7, 7). Ces
mots sont une épine dans la conscience chrétienne : ils
ne peuvent être ni acceptés ni rejetés. Les rejeter signi-
fierait refuser l'infinie bonté de Dieu, mais nous ne
sommes pas encore assez chrétiens pour les accepter.
Nous savons que le père ne donnerait pas une pierre
au lieu de pain (Mt 7, 9), mais nous ne nous considérons
pas comme des enfants, inconscients de leurs besoins
réels et ignorant ce qui est bon ou mauvais pour eux.
C'est pourtant là que réside l'explication de tant de prières non exaucées. On peut aussi la trouver dans les mots
de saint Jean Chrysotome : « Ne vous désolez pas si

vous ne recevez pas tout de suite ce que vous demandez : Dieu veut vous faire plus de bien par votre persévérance dans la prière. »

« Le silence de Dieu ne serait-il pas l'aspect tragique de notre propre surdité [1] ? »

« De même, je vous le dis en vérité, si deux d'entre vous, sur la terre, unissent leurs voix pour demander quoi que ce soit, cela leur sera accordé par mon Père qui est aux cieux » (Mt 18, 19). Cette citation est parfois utilisée comme une arme contre les chrétiens, car il est trop évident que, bien souvent, certaines choses sont demandées instamment par plusieurs personnes assemblées sans que cela leur soit accordé. Mais cette objection tombe dès lors qu'il apparaît que ce qui les réunit est d'ordre verbal, que leur accord est coalition et non unité, et que s'ils croient que Dieu peut faire tout ce qui lui plaît, c'est en conférant à cette assertion le sens que lui donnaient déjà les consolateurs de Job.

Quant à cette apparente contre-vérité : « Et tout ce que vous demanderez dans une prière pleine de foi, vous l'obtiendrez », le Christ y répond par sa prière au jardin de Gethsémani, et pour partie aussi l'auteur de l'épître aux Hébreux (He 11, 36-40) :

D'autres subirent l'épreuve des dérisions et des fouets, et même celle des chaînes et de la prison. Ils ont été lapidés, sciés, ils ont péri par le glaive, ils sont allés çà et là, sous des peaux de moutons et des toisons de chèvres, dénués, opprimés, maltraités, eux dont le monde était indigne, errant dans les déserts, les montagnes, les cavernes, les antres de la terre. Et tous ceux-là, bien qu'ils aient reçu un

1. A. DE CHATEAUBRIANT, *La Réponse du Seigneur.*

bon témoignage à cause de leur foi, ne bénéficièrent pas
de la promesse : c'est que Dieu prévoyait pour nous un
sort meilleur, et ils ne devaient pas parvenir sans nous à la
perfection.

Dans toutes ces situations, il est sûr que ces hommes
prièrent beaucoup, peut-être pas pour être délivrés —
ils étaient prêts à donner leur vie pour Dieu —, mais
pour implorer un secours ; et pourtant ils ne reçurent
pas tout ce qu'ils pouvaient espérer.

Lorsque Dieu voit que vous avez assez de foi pour
supporter son silence, ou pour accepter d'être livré aux
tourments moraux ou physiques en vue de l'avènement
de son règne, il se peut qu'il reste silencieux ; à la fin
il exaucera votre prière, mais d'une façon totalement
différente de ce que vous attendiez.

Dans l'épître aux Hébreux (He 5, 7), il est dit que la
prière du Christ au jardin des oliviers fut entendue et
que Dieu le ressuscita des morts. L'auteur ne parle pas
ici d'une réponse immédiate de Dieu, qui aurait pu éloigner ce calice, comme le Christ le lui demandait ; en
fait, Dieu donna au Christ la force d'accepter, de souffrir, d'accomplir son œuvre, et c'est le caractère absolu
de sa foi qui mit Dieu en situation de lui répondre non.
Mais c'est aussi cet absolu même de la foi du Christ
qui rendit possible le salut du monde.

Beaucoup de nos prières sont des prières de demande, et nombre de gens semblent penser que la demande est le niveau inférieur de la prière ; puis vient
l'action de grâce et enfin la louange. Mais en fait, ce
sont l'action de grâce et la louange qui sont l'expression
d'une relation inférieure. Quand on n'est qu'à demi-

croyants comme nous, il est plus facile de chanter des hymnes de louange ou de remercier Dieu que de lui faire suffisamment confiance pour demander quelque chose avec foi. Même des gens qui ne croient qu'à moitié en Dieu peuvent se tourner vers lui pour le remercier quand il leur arrive quelque chose d'heureux ; et il est des moments d'exaltation où tous se sentent portés à chanter vers Dieu. Mais il est beaucoup plus difficile d'avoir une foi assez totale pour demander de tout son cœur et de tout son esprit avec une pleine confiance. Nul ne doit considérer la demande avec mépris, car la capacité de faire des prières de demande est le test de la réalité de notre foi.

Quand la mère des enfants de Zébédée vint demander au Christ les meilleures places au paradis pour ses deux fils, elle avait une confiance absolue que le Seigneur pouvait faire ce qu'elle lui demandait, mais pour elle le pouvoir qu'avait le Christ de faire droit à sa requête était équivalemment le droit du Seigneur de faire ce que bon lui semblait, et cela n'était pas conforme à l'enseignement de Jésus : « Mon jugement est juste car ce n'est pas ma volonté que je cherche, mais la volonté de celui qui m'a envoyé » (Jn 5, 30).

Ce qu'espérait la mère des fils de Zébédée, c'est que le Seigneur exaucerait arbitrairement son désir comme une faveur, car elle était la première à formuler cette demande. Le refus du Christ révéla que ce qu'elle demandait impliquait qu'il y eût place pour l'orgueil dans un royaume de Dieu fondé sur l'humilité. La prière de cette mère était marquée par l'attitude de l'Ancien Testament vis-à-vis de l'avènement du Messie.

VI

La prière de Jésus

Ceux qui ont lu les *Récits d'un pèlerin russe* [1] connaissent bien cette courte prière : « Seigneur Jésus-Christ, Fils de Dieu, aie pitié de moi, pécheur », indéfiniment répétée. Les *Récits d'un pèlerin russe* sont l'histoire d'un homme qui voulait apprendre à prier sans cesse (1 Th 5, 17). Comme l'homme dont l'expérience nous est relatée est un pèlerin, une grande partie de ses caractéristiques psychologiques ainsi que la manière dont il a appris et pratiqué la prière sont conditionnées par un certain genre de vie, ce qui ôte à cet ouvrage une partie de l'universalité qui aurait pu être la sienne ; et, pourtant, il demeure la meilleure introduction possible à cette prière qui est l'un des plus grands trésors de l'Église orthodoxe.

La prière en question est profondément enracinée dans l'esprit de l'Évangile, et ce n'est pas en vain que les grands maîtres de l'Orthodoxie y ont toujours vu le résumé de tout l'Évangile. C'est pourquoi la Prière de Jésus ne peut être utilisée avec tout son sens que par celui qui appartient à l'Évangile, qui est membre de l'Église du Christ.

1. *Récits d'un pèlerin ruisse, op. cit.*

Tout le message, et plus encore toute la réalité de l'Évangile, sont contenus dans le nom, dans la personne de Jésus. Si vous prenez la première moitié de la prière, vous verrez comment elle exprime notre foi au Seigneur : « Seigneur Jésus-Christ, Fils de Dieu. » Au cœur de cette formule nous trouvons le nom de Jésus ; c'est le nom devant qui tout genou doit fléchir (Is 45, 23), et quand nous le prononçons, nous attestons l'événement historique de l'incarnation. Nous affirmons que Dieu, le Verbe de Dieu, co-éternel au Père, s'est fait homme, et que la plénitude de la divinité a habité parmi nous, corporellement, en sa personne.

Pour reconnaître en cet homme de Galilée, en ce prophète d'Israël, le Verbe de Dieu fait chair, Dieu fait homme, nous devons être guidés par l'Esprit, car c'est l'Esprit de Dieu qui nous révèle à la fois l'incarnation et la seigneurie du Christ. Nous l'appelons Christ, et nous affirmons par là qu'en lui furent accomplies les prophéties de l'Ancien Testament. Affirmer que Jésus est le Christ implique que toute l'histoire de l'Ancien Testament est nôtre, que nous l'acceptons comme la vérité de Dieu. Nous l'appelons Fils de Dieu parce que nous savons que le Messie attendu par les Juifs, l'homme qui fut appelé « fils de David » par Bartimée, est le Fils de Dieu incarné. Ces mots résument tout ce que nous savons, tout ce que nous croyons au sujet de Jésus-Christ, par l'Ancien comme par le Nouveau Testament et par l'expérience de l'Église à travers les âges. En ces quelques mots, nous faisons une profession de foi complète et parfaite.

Mais il ne suffit pas de faire cette profession de foi, il ne suffit pas de croire. Les démons aussi croient, et tremblent (Jc 2, 19). La foi ne suffit pas à assurer le salut, elle doit conduire à une relation vraie avec Dieu ; ainsi, après avoir professé, dans son intégrité, avec précision et clarté, notre foi en la seigneurie et en la personne, en l'historicité et en la divinité du Christ, nous nous plaçons en face de lui, dans le juste état d'esprit : « Aie pitié de moi, pécheur. »

Ces mots « aie pitié » sont utilisés dans toutes les Églises chrétiennes et, dans l'Orthodoxie, ils sont la réponse du peuple à toutes les demandes suggérées par le prêtre. Notre traduction moderne « aie pitié » est courte et insuffisante. Le mot grec que nous trouvons dans l'Évangile et dans les liturgies primitives est *eleison. Eleison* est de la même racine que *elaion,* qui signifie à la fois olivier et huile d'olive. Si nous cherchons dans l'Ancien et le Nouveau Testament les passages se rapportant à ce thème fondamental, nous le trouverons présent dans nombre de paraboles et d'événements qui nous aideront à nous faire une idée plus juste de sa signification plénière. Nous trouvons l'image de l'olivier dans la Genèse. Après le déluge, Noé désireux de savoir s'il y a quelque part une terre émergée, envoie successivement plusieurs oiseaux ; l'un d'eux, une colombe — et il est significatif que ce soit une colombe — rapporte un petit rameau d'olivier. Ce rameau d'olivier apprend à Noé et à tous ceux qui sont avec lui dans l'arche que la colère de Dieu a cessé, que Dieu offre à l'homme une deuxième chance. Tous les occupants de l'arche pourront s'établir de nouveau sur la terre ferme, et tenter de vivre ; et jamais plus peut-être, s'ils font ce qu'il faut pour cela, ils ne subiront la colère divine.

Dans le Nouveau Testament, dans la parabole du bon

Samaritain, l'huile d'olive adoucit et guérit. Dans l'onction des rois et des prêtres de l'Ancien Testament, c'est également de l'huile que l'on verse sur leur tête, image de la grâce de Dieu qui descend et se répand sur eux (Ps 133, 2), leur donnant une force nouvelle pour accomplir ce qui est au-delà des capacités humaines. Le roi est appelé à se tenir sur le seuil, entre la volonté des hommes et la volonté de Dieu, et il est appelé à conduire son peuple vers l'accomplissement de la volonté divine ; le prêtre également se tient sur ce seuil, pour y proclamer la volonté de Dieu, et plus encore : pour agir au nom de Dieu, prononcer les décrets de Dieu, appliquer la décision de Dieu.

L'huile évoque donc d'abord la fin de la colère divine, la paix que Dieu offre à ceux qui s'étaient dressés contre lui ; elle nous parle ensuite de cette guérison que Dieu opère en nous afin de nous rendre capables de vivre et de répondre à notre vocation ; et comme il sait que nous ne sommes pas capables, par nos propres forces, d'accomplir ni sa volonté ni les lois de notre propre nature de créatures, il répand sur nous sa grâce avec abondance (Rm 5, 20). Il nous donne la faculté de faire ce que nous ne pourrions faire sans lui.

Les mots slavons *milost* et *pomiluy* ont la même racine que ceux qui expriment la tendresse, l'affection, et lorsque nous prononçons les mots *eleison,* « aie pitié de nous », *pomiluy,* nous ne demandons pas seulement à Dieu d'éloigner de nous sa colère, nous demandons l'amour.

Si nous revenons au texte de notre prière « Seigneur Jésus-Christ, Fils de Dieu, aie pitié de moi, pécheur », nous constatons que les premiers mots expriment avec exactitude et pureté la foi évangélique au Christ, en l'incarnation historique du Verbe de Dieu ; et que la fin de la prière exprime toute la complexité et la richesse des relations d'amour entre Dieu et ses créatures.

La Prière de Jésus est connue d'innombrables Orthodoxes pour qui elle représente soit une méthode habituelle de prière, soit une dévotion surérogatoire, une invocation brève qui peut être utilisée à tout moment et en toute situation.

De nombreux auteurs ont mentionné les aspects physiques de la prière, les exercices respiratoires, l'attention accordée aux battements du cœur et autres traits secondaires. La *Philocalie* [2] est pleine d'instructions détaillées sur la prière du cœur, et comporte même des références à la technique soufite. Des Pères, anciens et modernes, ont traité du sujet, et sont toujours arrivés à la même conclusion : ne vous risquez jamais aux exercices physiques sans être guidés de façon stricte par un père spirituel.

Ce qui est d'usage général, ce qui nous a été donné par Dieu, c'est la véritable prière, la répétition de mots sans effort physique — pas même les mouvements de la langue — et dont on peut user systématiquement en vue d'aboutir à une transformation intérieure. Plus que toute autre prière, la Prière de Jésus vise à nous situer en présence de Dieu sans autre pensée que celle du miracle consistant en ce que nous soyons là et Dieu avec

2. *Petite philocalie de la prière du cœur*, traduite et présentée par J. Gouillard, Ed. du Seuil, Paris.

nous, car dans l'usage de cette prière il n'est rien ni personne que Dieu et nous.

L'usage de la prière est double, c'est un acte d'adoration comme toute prière, et, au niveau ascétique, c'est un objet qui nous permet de concentrer notre attention sur la présence de Dieu.

C'est une prière de bonne compagnie, amicale, toujours à notre disposition, et très personnelle en dépit de ses répétitions monotones. Dans la joie comme dans la douleur elle est, lorsqu'elle est devenue habituelle, un stimulant de l'âme, la réponse à tout appel de Dieu. Les mots de saint Syméon le Nouveau Théologien, s'appliquent à tous ses effets possibles en nous : « Ne vous souciez pas de ce qui viendra ensuite, vous le découvrirez quand cela viendra. »

VII

L'ascèse de la prière

Quand nous sommes dans l'état d'esprit approprié, quand notre cœur est plein de louange, d'amour du prochain, quand nous parlons, comme dit saint Luc (6, 45), du trop-plein de notre cœur, prier ne fait pas problème ; nous parlons librement à Dieu avec les mots qui nous sont familiers. Mais si nous devions laisser notre vie de prière à la merci de nos humeurs, nous prierions sans doute de temps à autre avec ferveur et sincérité, mais nous perdrions pendant de longues périodes tout contact fervent avec Dieu. C'est une grande tentation de délaisser la prière jusqu'au moment où nous nous sentons portés vers Dieu, et de considérer que toute prière ou tout élan vers Dieu en d'autres périodes manque de sincérité. Nous savons tous par expérience qu'il existe en nous bien des sentiments que nous n'éprouvons pas à chaque instant de nos vies ; la maladie ou la détresse peuvent les évacuer du champ de notre conscience. Même quand nous aimons profondément, il est des moments où nous n'en sommes pas conscients tout en sachant que cet amour vit en nous. Il en va de même à l'égard de Dieu ; il est des causes, internes et externes, qui obscurcissent parfois la conscience que nous avons de croire, d'espérer, d'aimer Dieu. En de tels moments nous devons agir non en fonction de ce que nous ressentons, mais de ce que nous savons. Nous devons avoir foi en ce qui nous habite, même si nous ne le percevons pas en cet instant. Nous devons nous rappeler que l'amour est encore là, même s'il n'emplit pas notre cœur de joie ou d'inspiration. Et nous devons nous tenir devant Dieu, nous rappelant qu'il ne cesse d'aimer, qu'il est toujours présent, même si nous ne le sentons pas.

Quand nous sommes froids et secs, quand il nous semble que notre prière est un faux-semblant, une pure routine, que faut-il faire ? Vaudrait-il mieux nous arrêter de prier jusqu'à ce que notre prière retrouve vie et chaleur ? Mais comment saurons-nous que le moment est venu ? Il y a un grave danger à nous laisser séduire par le goût d'une perfection dans la prière dont nous sommes encore si éloignés. Quand notre prière est sans chaleur, au lieu de renoncer, renouvelons avec vigueur notre acte de foi, et persévérons. Nous devrions dire à Dieu : « Je suis à bout, je ne puis prier pour de bon, accepte, ô Seigneur, cette voix monocorde et ces mots que je prononce, et viens-moi en aide. » Faites de la prière une affaire de quantité quand vous êtes impuissants à mettre la qualité. Certes, il vaut mieux ne dire que « Notre Père » en ayant conscience de toute la profondeur de cette invocation, que de répéter douze fois la Prière du Seigneur ; mais c'est précisément ce dont nous sommes parfois incapables. Que notre prière soit « quantitative » ne veut pas dire que nous prononçions plus de mots que d'habitude ; mais que nous nous tenons à la règle de prière que nous nous sommes fixée, en acceptant le fait qu'elle ne soit rien de plus qu'une certaine quantité de mots répétés. Comme le disent les Pères, l'Esprit Saint est toujours là quand il y a prière, et selon saint Paul : « Nul ne peut dire " Jésus est Seigneur " que sous l'action de l'Esprit Saint » (1 Co 12, 3). Quand le moment sera venu, c'est l'Esprit Saint qui donnera à notre fidèle et patiente prière sa signification et sa profondeur de vie nouvelle. Quand nous nous tenons devant Dieu en ces moments de vide intérieur, il nous faut faire usage de notre volonté, prier par conviction sinon par sentiment, au nom de la foi que nous savons posséder, intellectuellement sinon d'un cœur brûlant.

Si en de telles périodes la prière a pour nous un visage très différent, il n'en va pas de même pour Dieu ; comme le dit Julienne de Norwich : « Prie dans le secret de ton cœur, même si tu penses que cela ne te sauvera pas, car cela est profitable, même si tu ne le sens pas, même si tu ne le vois pas, même si tu ne t'en crois pas capable. Car dans la sécheresse et l'aridité, la maladie et la faiblesse, c'est alors que ta prière me plaît, bien que tu penses qu'elle ne te sauvera guère, car toute ta prière emplie de foi m'est connue » (*Le nuage d'inconnaissance*).

Dans ces périodes de sécheresse, quand la prière devient un effort, notre principal soutien est la fidélité, la détermination ; c'est par un acte de la volonté, qui les inclut l'une et l'autre, que nous nous contraignons, sans en appeler au sentiment, à nous tenir devant Dieu et à lui parler, simplement parce que Dieu est Dieu et que nous sommes ses créatures. Quoi que nous éprouvions à un moment donné, notre position demeure la même ; Dieu demeure notre créateur, notre sauveur, notre seigneur et celui vers qui nous marchons, l'objet de notre désir et le seul qui puisse combler absolument notre attente.

Parfois, nous pensons que nous sommes indignes de prier et même que nous n'y avons aucun droit ; là encore, c'est une tentation. Chaque goutte d'eau, d'où qu'elle vienne, d'une mare ou de l'océan, est purifiée au cours du processus d'évaporation ; il en va de même de toute prière montant vers Dieu. Plus nous nous sentons abattus, plus la prière est nécessaire, et c'est certainement ce que ressentit Jean de Cronstadt un jour qu'il priait, guetté par un démon qui lui murmurait : « Hypocrite, comment oses-tu prier avec ce cœur impur, plein des pensées que j'y lis ? » Jean répondit : « C'est justement parce que mon cœur est plein de pensées qui me dégoûtent et que je combats, que je prie Dieu. »

Qu'il s'agisse de la Prière de Jésus ou de toute autre formule de prière, les gens disent souvent : quel droit ai-je d'en user ? Comment puis-je faire miennes ces paroles ? Quand nous disons des prières rédigées par des saints, par des hommes de prière, et qui sont le fruit de leur expérience, nous pouvons être certains que si nous sommes assez attentifs, leurs mots deviendront nôtres, nous rejoindrons les sentiments qui les animent et ils nous remodèleront par la grâce de Dieu, qui répond à nos efforts. Avec la Prière de Jésus la situation est, en un sens, plus simple, parce que plus notre situation est mauvaise, plus nous nous persuaderons facilement que, face à Dieu, nous ne pouvons que dire *Kyrie Eleison*, « Aie pitié ».

Plus souvent que nous n'osons l'avouer, nous prions

en espérant quelque mystérieuse illumination, en espérant que quelque chose va nous arriver, que nous allons connaître une passionnante expérience. C'est une erreur, le même genre d'erreur que nous commettons parfois dans la relation à autrui, et qui peut en fait détruire totalement cette relation. Nous abordons une personne et nous espérons tel type de réaction ; alors, s'il n'y a pas de réaction du tout, ou si ce n'est pas celle que nous attendions, nous sommes déçus, ou bien nous passons à côté de la réalité de la réponse donnée. Quand nous prions, nous devons nous rappeler que le Seigneur, qui nous laisse nous approcher librement de lui, est également libre envers nous ; ce qui ne signifie pas que la liberté qu'il prend soit arbitraire, comme la nôtre qui nous rend aimables ou bourrus selon notre humeur ; cela signifie qu'il n'est pas tenu de se révéler à nous simplement parce que nous sommes là et que nous tournons vers lui notre regard. Il est très important de nous rappeler que Dieu et nous, nous sommes libres de venir ou non à la rencontre de l'autre ; et cette liberté est d'une importance capitale car elle est caractéristique d'une véritable relation personnelle.

Une jeune femme, après une période de sa vie de prière où Dieu paraissait étonnamment proche et familier, perdit soudain tout contact avec lui. Mais plus que la douleur de l'avoir perdu, elle redoutait la tentation d'échapper à cette absence de Dieu en s'inventant de lui une fausse présence ; car l'absence et la présence réelles de Dieu sont des preuves tout aussi bonnes de sa réalité et du caractère concret de la relation qu'implique la prière.

Aussi devons-nous être prêts à offrir notre prière et à

recevoir ce qu'il plaira à Dieu de nous donner. Tel est
le principe de base de la vie ascétique. Dans la lutte
pour maintenir notre regard tourné vers Dieu et pour
combattre tout ce qu'il y a d'opaque en nous, tout ce
qui nous empêche de regarder dans la direction de Dieu,
nous ne pouvons être ni tout à fait actifs ni tout à fait
passifs. Nous ne pouvons pas être actifs en ce sens que,
en nous agitant, en faisant des efforts, nous ne pouvons
nous hisser jusqu'aux cieux ou en faire descendre Dieu.
Mais nous ne pouvons pas non plus demeurer passifs, et
rester plantés là sans agir, car Dieu ne nous traite pas
comme des objets ; il n'y aurait pas de véritable relation
si nous étions simplement manipulés par lui. L'attitude
ascétique est faite de vigilance, la vigilance du soldat
qui, dans la nuit, se fait aussi silencieux qu'il le peut,
aussi totalement attentif et conscient que possible de
tout ce qui se passe autour de lui, prêt à réagir correctement et rapidement à tout ce qui pourrait arriver.
D'une certaine façon, il est inactif car il est là debout et
ne fait rien ; mais d'un autre côté il est intensément actif,
car il est en éveil et totalement concentré. Il écoute et
observe avec une perception aiguë, prêt à tout.

Il en va exactement de même dans la vie intérieure.
Nous devons nous tenir en présence de Dieu dans un
complet silence, concentrés, lucides et paisibles. Il
est possible que nous attendions des heures, ou plus encore, mais un moment viendra où notre vigilance sera
récompensée, car quelque chose se passera. Mais, répé-
tons-le, si nous sommes vigilants, c'est dans l'attente de
tout ce qui peut se présenter à nous et non d'un événement particulier. Nous devons être prêts à recevoir de
Dieu tout ce qu'il nous enverra. Lorsque nous avons prié

pendant un certain temps et y avons ressenti une certaine chaleur, nous succombons trop facilement à la tentation de revenir vers Dieu le lendemain en escomptant le même résultat. Si nous avons naguère prié avec chaleur ou avec des larmes, avec contrition ou avec joie, nous venons vers Dieu en espérant connaître à nouveau cette expérience-là, et bien souvent, parce que nous cherchons à retrouver avec Dieu le contact d'hier, nous manquons celui d'aujourd'hui.

L'approche de Dieu peut susciter en nous des attitudes diverses ; ce peut être la joie, la terreur, la contrition, bien d'autres encore. Nous devons nous rappeler que ce que nous allons percevoir aujourd'hui est une chose inconnue de nous, parce que ce Dieu que nous avons rencontré hier n'est pas celui qui pourrait se révéler à nous demain.

VIII

La prière du silence

La prière est avant tout une rencontre personnelle avec Dieu. Peut-être en certaines occasions
serons-nous conscients de la présence de Dieu,
d'une façon souvent assez floue, mais il est des
moments où nous ne pouvons nous situer devant
lui que par un acte de foi, sans que sa présence nous
soit d'aucune façon sensible. Ce n'est pas le degré de
conscience que nous avons de sa présence qui compte,
qui rend possible et féconde cette rencontre ; il y faut
d'autres conditions, dont la plus fondamentale est que
la personne qui prie soit vraie. Dans la vie sociale, notre
personnalité présente des facettes diverses. La même
personne apparaît telle dans tel cadre et tout à fait
différente dans tel autre, autoritaire quand elle est
en situation d'avoir à diriger, soumise dans sa vie conju-
gale, et différente encore au milieu d'amis. Tout être
est complexe, mais aucune de ces personnalités fausses, ou partiellement fausses et partiellement vraies, n'est
notre être véritable, celui qui est capable de se tenir en
notre nom devant Dieu. Cela affaiblit notre prière, crée
en nous un cœur, un esprit, une volonté divisés. Comme
le dit Polonius dans *Hamlet* : « Sois vrai envers toi-

même, et il s'ensuivra, comme la nuit suit le jour, que tu ne pourras être faux envers quiconque. »

Découvrir ce qu'on est réellement, au milieu et au-delà de ces fausses personnalités, n'est pas tâche aisée. Nous avons si peu l'habitude d'être nous-mêmes en un sens véritable et profond qu'il nous semble quasi impossible de savoir par où commencer notre quête. Nous savons tous qu'il est des moments où nous nous approchons de cet être vrai ; nous devrions repérer et analyser soigneusement ces moments afin de découvrir de façon approximative ce que nous sommes réellement. Ce qui rend en général si difficile la découverte de la vérité sur nous-mêmes, c'est notre vanité ainsi que la façon dont elle détermine notre comportement. La vanité consiste à tirer gloire de choses dénuées de valeur, et à faire dépendre le jugement que nous portons sur nous-mêmes — et donc toute notre attitude envers la vie — de l'opinion de gens qui n'ont aucun titre à peser ainsi sur nous ; c'est un état de dépendance vis-à-vis des réactions d'autrui à notre propre personnalité.

La vanité est donc le premier ennemi à attaquer mais aussi, comme le disent les Pères, le dernier à se laisser vaincre. Nous trouvons un cas de défaite de la vanité dans l'histoire de Zachée (Lc 19, 1), et celle-ci est particulièrement instructive. Zachée était un homme riche, d'une situation sociale au-dessus de la moyenne ; c'était un fonctionnaire de l'Empire romain, un publicain qui avait un certain « standing » à défendre. Dans sa petite ville, c'était un citoyen important ; s'il s'était demandé : « Que vont penser les gens ? », peut-être ne serait-il pas allé à la rencontre du Christ. Quand Zachée apprit que Jésus passait par Jéricho, son désir de le voir fut si violent qu'il en oublia tout sens du ridicule — lequel est pour nous pire que bien des maux ; il courut, lui ce citoyen respectable, et grimpa dans un arbre ! Toute la foule pouvait l'y voir, et il est peu douteux que bon nombre de gens se moquèrent de lui. Mais son désir de voir Jésus était tel qu'il en oublia de s'intéresser à l'opinion d'autrui ; pendant un court instant, il devint indépendant de tout jugement extérieur et fut alors totalement lui-même ; il devint l'homme Zachée et non plus Zachée le publicain, Zachée le riche, Zachée le citoyen considéré.

L'humiliation est l'une des voies par lesquelles nous pouvons désapprendre la vanité, mais si elle n'est pas acceptée de bon gré, l'humiliation peut au contraire, en avivant notre amour-propre, nous rendre plus dépendants encore de l'opinion des autres. Ce que disent saint Jean Climaque et saint Isaac de Syrie sur la vanité semble contradictoire : pour l'un, la seule façon d'échapper à la vanité est la fierté, la confiance en soi ; pour l'autre, la seule voie passe par l'humilité. Tous deux expriment leur opinion dans un contexte donné, et non comme une vérité absolue, mais cela nous permet de voir ce que les deux extrêmes ont en commun, à savoir que, fiers ou humbles, on ne se soucie pas des opinions humaines ; dans les deux cas, le jugement des hommes est récusé. Nous avons dans la vie de saint Macaire une illustration du premier de ces deux cas.

Saint Macaire, s'approchant un jour d'un monastère sur lequel il avait une vue plongeante, put distinguer plusieurs frères se moquant d'un très jeune moine, lequel ne leur prêtait nulle attention, et il fut émerveillé par la sérénité du jeune homme. Macaire avait une grande expérience des difficultés du combat spirituel, et trouva cela passablement curieux. Il demanda au moine comment il se faisait qu'à son âge il ait pu déjà atteindre ce degré d'impassibilité. Et il reçut cette réponse : « Pourquoi devrais-je prêter attention à des chiens hurlants ? Je ne me soucie pas d'eux, Dieu est le seul que j'accepte comme juge. » C'est un exemple de la façon dont la fierté peut nous libérer de la dépendance envers les opinions d'autrui. La fierté est une attitude par laquelle nous nous situons au centre des choses, nous devenons le critère de la vérité, de la réalité, du bien et du mal, et sommes donc libres de tout autre jugement, et libres également de toute vanité. Mais seule la fierté parfaite peut faire disparaître totalement la vanité, et cette fierté parfaite est heureusement au-delà de nos possibilités humaines.

L'autre remède est l'humilité. Fondamentalement, l'humilité est l'attitude de celui qui se situe en permanence sous le regard de Dieu, comme une terre offerte. Le mot humilité vient du latin *humus,* terre fertile. Le terreau est là, on ne le remarque pas, il va de soi, toujours présent, destiné à être foulé. Il est silencieux, caché, sombre et pourtant toujours prêt à recevoir la semence, prêt à lui donner substance et vie. Plus il est bas, plus il est fécond, car il ne devient réellement fertile que lorsqu'il reçoit toutes les scories du monde. Il est si bas que nul ne peut le souiller, l'abaisser, l'humilier : il a accepté la dernière place et ne peut descendre plus bas. Dans cette position, rien ne peut troubler la sérénité de l'âme, sa paix et sa joie.

Il est des moments où nous sommes soustraits à toute dépendance vis-à-vis des réactions d'autrui ; ce sont ceux de la profonde douleur ou de la joie délirante. Quand le roi David dansa devant l'arche (2 Sm 6, 14), bien des gens, dont Mikal, la fille de Saül, pensèrent que le roi se comportait vraiment de façon indécente. Sans doute sourirent-ils ou se détournèrent-ils, embarrassés. Mais il était trop plein de joie pour le remarquer. Il en va de même avec la douleur ; quand elle est authentique et profonde, la personne devient vraie ; elle oublie les poses et les attitudes, et cet aspect de la souffrance, la nôtre ou celle d'autrui, est précieux.

La difficulté, c'est que lorsque nous sommes véritablement nous-mêmes dans la joie ou la douleur, notre humeur et notre situation ne nous permettent pas de nous observer, de prêter attention aux traits de notre personnalité qui se manifestent alors ; mais il est un moment où, suffisamment engagés encore dans notre sentiment profond pour être vrais, nous sommes pourtant suffisamment dégagés déjà de l'extase de la joie ou de la douleur pour être frappés par le contraste entre ce que nous sommes à ce moment-là et ce que nous sommes d'habitude ; alors, ce qui est en nous profondeur et superficialité nous apparaît clairement. Si nous sommes attentifs, si nous ne passons pas, indifférents, d'un état d'esprit à un autre, omettant de saisir ce qui se produit en nous, nous pouvons apprendre progressivement à retenir ces traits caractéristiques de la réalité qui nous sont apparus durant un instant.

Beaucoup d'auteurs spirituels disent que nous devons chercher à découvrir le Christ en nous. Le Christ est l'homme parfait, totalement vrai, et nous pouvons découvrir ce qu'il y a de vrai en nous en découvrant ce en quoi nous lui ressemblons. Il est des passages de l'Évangile contre lesquels nous nous révoltons et d'autres au contact desquels notre cœur brûle en nous (Lc 24, 32). Si nous recherchons les passages qui provoquent en nous la révolte, comme ceux que de tout notre cœur nous croyons vrais, nous aurons déjà découvert les deux extrêmes en nous, en bref l'anti-Christ et le Christ en nous. Nous devons avoir conscience des deux types de passages et nous concentrer sur ceux qui sont proches de notre cœur, car nous pouvons affirmer avec sûreté qu'ils marquent au moins un point sur lequel le Christ et nous sommes apparentés, un point sur lequel un homme est déjà — certainement pas pleinement, mais au moins de façon naissante — un homme vrai, une image du Christ. Mais il ne suffit pas d'être affectivement touché, de donner un plein accord intellectuel à tel ou tel passage de l'Évangile ; les paroles du Christ doivent devenir vivantes en nous. Nous pouvons avoir été touchés et pourtant à la première occasion qui s'offre à nous pour appliquer notre découverte, oublier tout ce que nous avons ressenti et pensé.

Il y a des moments où nous nous sentons prêts à faire la paix avec nos ennemis, mais si l'adversaire résiste, cette humeur pacifique peut devenir belliqueuse. Ainsi de Mioussov, dans *Les Frères Karamazov*, de Dostoïevski. Il s'était d'abord montré rude et intolérant envers les autres, mais avait regagné sa propre estime en prenant un nouveau départ ; et voilà que l'insolence inattendue de Karamazov change à nouveau brutalement ses sentiments : « Mioussov passa sur-le-champ de l'état d'esprit le plus bienveillant au plus féroce. Tous les sentiments enfouis au plus profond de son cœur ressuscitèrent instantanément. »

Il ne suffit pas d'accueillir en nous le choc de ces passages qui nous paraissent tellement vrais, il doit en découler la volonté de lutter pour devenir, tout au long de notre vie, ce que nous sommes aux meilleurs moments. Alors seulement nous évacuerons graduellement ce qu'il y a de superficiel pour devenir plus réels et plus vrais ; si le Christ est la vérité et la réalité mêmes, nous deviendrons de plus en plus conformes au Christ. Cela ne consiste pas à imiter le Christ seulement de l'extérieur, mais à être intérieurement ce qu'il est. L'imitation du Christ ne consiste pas à « singer » sa conduite ou son existence ; c'est un combat complexe et rude.

Ceci marque une différence entre l'Ancien et le Nouveau Testament : les commandements de l'Ancien Testament étaient des règles de vie et celui qui les respectait avec fidélité devenait un homme juste ; il ne pouvait cependant obtenir par eux la vie éternelle. Au contraire, les commandements du Nouveau Testament ne font jamais de nous des justes. Le Christ a dit un jour à ses disciples : « Quand vous aurez fait tout ce qui vous a été prescrit, dites : Nous sommes de pauvres serviteurs ; nous n'avons fait que ce que nous devions » (Lc 17, 10). Mais lorsque nous accomplissons les commandements du Christ, non seulement comme des règles de comportement, mais parce que la volonté de Dieu a empli notre cœur, ou même quand nous contraignons simplement notre volonté mauvaise à leur obéir extérieurement, et que nous vivons dans la repentance, sachant qu'il n'y a rien de plus en nous que cette observance extérieure, nous croissons progressivement dans la connaissance de Dieu, qui est intérieure, et non intellectuelle, rationnelle ou académique.

Une personne devenue réellement « vraie » peut se tenir devant Dieu et offrir sa prière avec une attention absolue, l'intelligence, le cœur et la volonté unifiés dans un corps qui répond totalement aux injonctions de l'âme. Mais avant d'avoir atteint une telle perfection, nous pouvons cependant nous tenir en présence de Dieu, conscients de n'être qu'en partie vrais, et lui apporter tout ce que nous pouvons, mais dans le repentir, en confessant que nous manquons encore de vérité et que nous sommes donc incapables d'unité. A aucun moment de notre vie, que nous soyons totalement divisés ou en voie d'unification, nous ne sommes privés de la possibilité de nous tenir devant Dieu. A défaut de cette unité complète qui donne force et puissance à notre prière, nous pouvons nous présenter dans notre faiblesse, conscients de celle-ci et prêts à en supporter les conséquences.

Ambroise d'Optina, l'un des derniers staretz russes, disait un jour que deux catégories d'hommes seraient sauvés : ceux qui pèchent et qui sont assez forts pour se repentir, et ceux qui sont trop faibles même pour se repentir vraiment, mais qui sont prêts, patiemment, humblement et avec joie, à porter tout le poids des conséquences de leurs péchés ; dans leur humilité, ils sont agréables à Dieu.

Dieu est toujours vrai, toujours lui-même, et si nous pouvions nous tenir en face de lui tel qu'il est et percevoir sa réalité objective, les choses seraient plus simples ; mais, de manière sujective, nous nous arran-

geons pour défigurer cette vérité, cette réalité en face
de laquelle nous nous tenons, et pour remplacer le
vrai Dieu par une pâle image de lui ou, pis encore,
par un Dieu irréel en raison de la pauvre conception
unilatérale que nous nous faisons de lui.

Quand nous devons rencontrer quelqu'un, la réalité
de la rencontre ne dépend pas seulement de ce que nous
sommes et de ce qu'est l'autre, mais beaucoup aussi de
l'idée préconçue que nous nous faisons de lui. Nous ne
parlons pas alors à la personne réelle, mais à l'image
que nous nous en sommes faite, et il faut généralement
à la victime de ce préjugé bien des efforts pour détruire
cette barrière et établir une relation vraie.

Nous nous faisons tous de Dieu certaines idées ; telle
idée peut être fort noble, et même vraie en partie ; cependant elle se dressera, si nous n'y prenons garde, entre
nous et le vrai Dieu, et deviendra une simple idole devant laquelle nous nous mettrons en prière pendant
que le vrai Dieu restera caché derrière elle. Cela arrive
notamment lorsque nous nous tournons vers Dieu pour
une prière de demande ou d'intercession ; nous n'allons
pas alors vers Dieu comme vers une personne avec laquelle nous souhaitons partager une difficulté, en
l'amour de qui nous avons foi, et dont nous attendons
une décision ; nous nous efforçons de considérer Dieu
sous un certain aspect, et ce n'est pas à Dieu que nous
adressons nos prières mais à un concept de Dieu, qui
nous est utile à ce moment-là.

Nous ne devons pas venir vers Dieu en vue d'éprouver des émotions diverses, ni pour connaître une quelconque expérience mystique. Nous ne devons nous approcher de lui qu'afin de nous trouver en sa présence,

et s'il choisit de nous la rendre sensible, qu'il en soit
loué, mais s'il choisit de nous faire expérimenter son
absence, qu'il en soit à nouveau loué, car, ainsi que nous
l'avons vu, il est libre de s'approcher de nous ou pas.
Il est aussi libre que nous le sommes. Pourtant, lorsque
nous ne recherchons pas la présence de Dieu, c'est que
nous sommes préoccupés par d'autres choses qui nous
attirent plus que lui ; alors que lui, s'il ne manifeste pas
sa présence, c'est parce que nous avons quelque chose
à apprendre sur lui, et sur nous-mêmes. Mais l'absence
de Dieu que nous pouvons percevoir dans notre prière,
le sentiment qu'il n'est pas là, sont aussi un élément —
et un élément important — de la relation.

Notre sentiment de l'absence de Dieu peut être le
fait de sa volonté ; il peut vouloir que nous le désirions,
et que nous apprenions combien sa présence est pré-
cieuse, en nous faisant faire l'expérience de ce que
signifie la solitude absolue Mais notre expérience de
l'absence de Dieu est souvent déterminée par le fait
que nous refusons la chance de prendre conscience de
sa présence. Une femme qui avait fait usage de la
Prière à Jésus pendant quatorze ans se plaignait de
n'avoir jamais éprouvé le sentiment de la présence de
Dieu. Mais quand on lui eut fait remarquer qu'elle parlait tout le temps, elle accepta de se tenir en silence pendant quelques jours. Et elle prit alors conscience que
Dieu était là, que le silence qui l'entourait n'était pas
le vide, l'absence de bruit et d'agitation, mais que ce
silence était peuplé, que ce n'était pas quelque chose de
négatif, mais de positif, une présence, la présence de
Dieu qui se faisait connaître à elle en créant le même
silence en elle. Et elle découvrit ainsi que la prière re-

naissait tout naturellement, mais ce n'était plus cette sorte de bruit discursif qui avait empêché jusque-là Dieu de se faire connaître.

Si nous étions humbles ou seulement raisonnables, nous ne nous imaginerions pas que, simplement parce que nous avons décidé de prier, nous allons connaître du premier coup l'expérience de saint Jean de la Croix, de sainte Thérèse ou de saint Séraphin de Sarov. Toutefois, ce que nous désirons ce n'est pas toujours avoir l'expérience des saints, mais retrouver telle expérience que nous-mêmes avons précédemment connue ; pourtant cette nostalgie du passé peut nous empêcher de saisir ce qui se présenterait aujourd'hui très normalement sur notre chemin. Tout ce que nous avons pu éprouver appartient au passé, tout cela est lié à ce que nous étions hier, non à ce que nous sommes aujourd'hui. Nous ne prions pas en vue de provoquer je ne sais quelle délicieuse expérience, mais pour rencontrer Dieu, quelles que puissent en être les conséquences, ou pour lui remettre ce que nous avons à lui apporter, et le laisser en user comme bon lui semblera.

Rappelons-nous aussi que nous devons toujours nous approcher de Dieu en sachant que nous ne le connaissons pas. Celui vers qui nous devons nous tourner est le Dieu secret, mystérieux, qui se révèle comme il l'entend ; chaque fois que nous venons en sa présence, nous nous trouvons devant un Dieu que nous ne connaissons pas encore. Nous devons être ouverts à toute manifestation de sa personne et de sa présence.

Peut-être avons-nous appris beaucoup sur Dieu par notre propre expérience, l'expérience des autres, les écrits des saints, l'enseignement de l'Église, le témoi-

gnage de l'Écriture ; peut-être savons-nous qu'il est bon,
humble, que c'est un feu dévorant, qu'il est notre juge,
notre sauveur, et beaucoup d'autres choses encore,
mais nous devons nous rappeler qu'à tout moment
il peut se révéler tel que nous ne l'avons jamais envi-
sagé, pas même dans ces catégories très générales. Nous
devons nous situer devant lui avec révérence et être
prêts à rencontrer qui nous rencontrerons, qu'il s'agisse
du Dieu qui nous est déjà familier ou d'un Dieu que
nous sommes incapables de reconnaître. Peut-être nous
fera-t-il pressentir qui il est, mais cela pourrait être tout
à fait différent de ce que nous attendions. Nous espérons rencontrer un Jésus doux, compatissant, aimant,
et nous rencontrerons un Dieu qui juge et condamne, et
qui refuse que nous nous approchions de lui dans l'état
où nous sommes. Ou bien alors nous venons repen-
tants, nous attendant à être repoussés, et nous trouvons
la compassion. A toutes les étapes de notre croissance,
Dieu nous est à la fois connu et inconnu. Il se révèle
lui-même, et c'est dans cette mesure que nous le
connaissons, mais nous ne le connaîtrons jamais complètement, il y aura toujours le mystère divin, un noyau de
mystère que nous ne pourrons jamais pénétrer.

La connaissance de Dieu ne peut être reçue et donnée
que dans la communion avec Dieu, en partageant avec
lui ce qu'il est, dans la mesure où il est communicable.
La pensée bouddhiste a illustré cela par l'histoire de la
poupée de sel.

Une poupée de sel, après un long pèlerinage à travers les terres arides, arriva à la mer et découvrit
quelque chose qu'elle n'avait jamais vu et qu'elle était
incapable de comprendre. Elle se tenait sur le sol ferme,

solide petite poupée de sel, et voilà que devant elle
s'étendait un autre sol, mobile, dangereux, bruyant,
étrange et inconnu. Elle demanda à la mer : « Mais
qui es-tu ? » — « Je suis la mer. » La poupée demanda
encore : « Qu'est-ce que la mer ? » et la mer répondit :
« C'est moi. » « Je n'arrive pas à comprendre, dit la
poupée, mais je le voudrais bien ; comment le pourrais-
je ? » La mer répondit : « Touche-moi. » Alors la poupée avança timidement un pied et toucha l'eau, et elle
éprouva l'étrange impression que cette chose-là com-
mençait à devenir connaissable. Elle retira sa jambe
et vit que ses orteils avaient disparu ; elle fut effrayée
et dit : « Oh, mais où sont passés mes orteils, qu'est-ce
que tu m'as fait ? » Et la mer dit : « Tu as donné
quelque chose afin de pouvoir comprendre. » Progressivement, l'eau grignota des petits fragments du sel de
la poupée, et celle-ci avança de plus en plus loin dans
la mer, et plus elle avançait plus elle avait l'impression
de comprendre mieux sans pourtant être capable de
dire ce qu'était la mer. En s'enfonçant, elle fondait de
plus en plus, répétant : « Mais qu'est-ce que la mer ? »
A la fin une vague fit disparaître ce qui restait d'elle
et la poupée dit : « C'est moi ! » Elle avait découvert
ce qu'était la mer, mais pas encore ce qu'était l'eau.

Sans vouloir faire un parallèle absolu entre la poupée bouddhiste et la connaissance chrétienne de Dieu,
on peut trouver beaucoup de vérité dans cette petite histoire. Saint Maxime utilise l'exemple de l'épée au
rouge : l'épée ne sait pas où le feu s'arrête et le feu
ne sait pas où l'épée commence, de sorte que l'on peut,
comme il le dit, couper avec du feu et brûler avec de
l'acier. La poupée sut ce qu'était la mer au moment

où elle, toute petite, se fut identifiée à l'immensité de la mer. De même, lorsque nous entrons dans la connaissance de Dieu, nous ne contenons pas Dieu, mais nous sommes contenus en lui, et dans cette rencontre avec Dieu, nous devenons nous-mêmes en sécurité dans son immensité.

Saint Athanase disait que la montée de l'homme vers la déification commence au moment même où il est créé. Dès cet instant, Dieu nous donne la grâce incréée qui rend possible l'union avec lui. Du point de vue orthodoxe, il n'y a pas d'« homme naturel » auquel la grâce serait surajoutée. La première parole de Dieu qui nous tira du néant fut notre premier pas vers l'accomplissement de notre vocation, qui est que Dieu soit tout en tous et que nous soyons en lui comme il est en nous.

Il faut nous attendre à découvrir que le dernier pas de notre relation avec Dieu est un acte de pure adoration, face à un mystère dans lequel nous ne pouvons pénétrer. Nous grandissons dans la connaissance de Dieu année après année jusqu'à la fin de notre vie et nous continuerons de le faire durant toute l'éternité, sans jamais arriver à ce point où nous pourrions dire que nous connaissons enfin tout ce qui est connaissable de Dieu. Ce processus de découverte graduelle de Dieu nous conduit à nous situer à tout moment en ayant derrière nous notre expérience passée et devant nous le mystère du Dieu connaissable et encore inconnu. Le peu que nous savons de Dieu nous rend difficile d'en apprendre davantage, car le plus ne peut être simplement ajouté au peu, étant donné que chaque rencontre apporte un changement de perspective tel que ce que nous connaissions avant devient presque faux à la lumière de ce que nous savons après.

Ceci est vrai de toute connaissance que nous acquérons ; chaque jour nous apprend quelque chose dans le domaine scientifique ou littéraire, mais le savoir que nous avons acquis ne prend un sens que parce qu'il nous conduit jusqu'à la frontière au-delà de laquelle il reste encore quelque chose à découvrir. Si nous nous arrêtons pour répéter ce que nous savons déjà, nous perdons notre temps. La première chose à faire, si nous voulons rencontrer le vrai Dieu dans la prière, est ainsi de nous persuader que toute la connaissance précédemment acquise nous a amenés à nous tenir devant lui. Tout cela est précieux et utile, mais si nous n'allons pas au-delà, notre connaissance devient évanescente, fantomatique, elle n'a plus de vie réelle ; il s'agit d'un souvenir, et l'on ne vit pas de souvenirs.

Dans nos relations avec autrui, inévitablement, nous ne tournons qu'une seule facette de notre personnalité vers une facette de la personnalité de l'autre ; cela peut être bon lorsque c'est un moyen d'établir le contact, mais cela devient mauvais si nous en profitons pour exploiter les faiblesses de l'autre. A Dieu aussi nous présentons la facette qui est la plus proche de lui, le côté de la fidélité ou de l'amour. Mais nous devons être conscients du fait que ce n'est jamais une facette de Dieu que nous rencontrons mais Dieu tout entier.

Quand nous prions, nous espérons que Dieu sera là comme quelqu'un d'effectivement présent, et que notre prière sera, sinon un dialogue, du moins un discours adressé à quelqu'un qui nous écoute. Nous avons peur de n'éprouver nulle présence, et d'avoir l'impression

de parler dans le vide, personne n'étant là pour nous
écouter, pour répondre, pour s'intéresser à ce que nous
disons. Mais ce serait une impression purement subjec-
tive ; si nous comparons notre expérience de la prière
avec nos contacts humains les plus quotidiens, nous
savons bien que quelqu'un peut écouter très attentivement ce que nous disons, et que nous pouvons pourtant avoir le sentiment de parler en pure perte. Notre
prière atteint toujours Dieu, mais il ne lui est pas
toujours répondu par un sentiment de joie ou de paix.

Quand nous disons que nous nous tenons devant
Dieu, nous pensons toujours que nous sommes ici, et
que Dieu est là, extérieur à nous. Si nous cherchons
Dieu en haut, devant ou autour de nous, nous ne le
trouverons pas. Saint Jean Chrysostome disait : « Trouvez la porte de la chambre secrète de votre âme, et vous
découvrirez que c'est la porte du royaume des cieux. »
Saint Ephraïm le Syrien dit que Dieu, quand il créa
l'homme, mit au plus profond de lui tout le royaume,
et que le problème de la vie humaine est de creuser
assez profond pour aller jusqu'au trésor caché. C'est
pourquoi, pour trouver Dieu, nous devons creuser, en
quête de cette chambre secrète, de ce lieu où se trouve
le royaume de Dieu au cœur même de notre être, où
Dieu et nous pouvons nous rencontrer. Le meilleur
outil, celui qui percera tous les obstacles, c'est la prière.
Le problème est de prier avec attention, simplement et
dans la vérité, sans remplacer le vrai Dieu par un faux
dieu quelconque, par une idole, par un produit de notre imagination, et sans chercher à vivre une expérience
mystique. En nous concentrant sur ce que nous disons,
certains que chaque mot que nous prononçons atteint

Dieu, nous pouvons utiliser nos propres mots, ou ceux d'hommes plus grands que nous pour exprimer, mieux que nous ne le pourrions, ce que nous éprouvons ou ressentons obscurément en nous. Ce n'est pas par la multiplicité des mots que nous serons entendus de Dieu, mais par leur véracité. Quand nous employons nos propres mots, nous devons parler à Dieu avec précision, sans chercher à faire long ou à faire court, mais à dire vrai.

Il est des moments où les prières sont spontanées et aisées, d'autres où il nous semble que la source s'est tarie. C'est alors qu'il est bon d'utiliser les prières d'autres hommes qui expriment fondamentalement ce que nous croyons, toutes ces réalités qui ne sont pas en cet instant vivifiées par une réaction profonde de notre cœur. Nous devons alors prier dans un double acte de foi, non seulement en Dieu mais en nous-mêmes, confiants dans cette foi qui s'est obscurcie mais qui fait pourtant partie intégrante de notre être.

Il est des moments où nous n'avons nul besoin de mots, ni des nôtres ni de ceux d'autrui, et nous prions alors en silence. Ce silence parfait est la prière idéale, pourvu cependant que le silence soit réel et non un rêve éveillé. Nous avons très peu d'expérience de ce que signifie le profond silence du corps et de l'âme, quand une sérénité absolue comble l'âme, quand une paix totale emplit le corps, quand il n'y a aucune agitation d'aucune sorte et que nous nous tenons devant Dieu, totalement ouverts en un acte d'adoration. Il peut y avoir des moments où nous nous sentons bien physiquement, et mentalement détendus, fatigués des paroles parce que nous en avons déjà trop usé ; nous ne voulons pas nous agiter et nous nous sentons bien dans cet équilibre délicat ; nous sommes là au bord du rêve éveillé. Le silence intérieur est une absence de toute sorte d'agitation de la pensée ou de l'affectivité, mais c'est une totale vigilance, une ouverture à Dieu. Nous devons garder le silence absolu quand nous le pouvons, mais nous ne devons jamais le laisser dégénérer en simple plaisir. Pour éviter cela, les grands auteurs de l'Orthodoxie nous avertissent de ne jamais abandonner complètement les formes normales de la prière, car même ceux qui avaient atteint ce silence de la contemplation jugeaient nécessaire, chaque fois qu'ils étaient en danger de relâchement spirituel, de réintroduire les paroles de la prière jusqu'à ce que la prière eût renouvelé le silence.

Les Pères grecs mettaient ce silence, qu'ils appelaient *hesychia,* à la fois au point de départ et au point d'aboutissement d'une vie de prière. Le silence est l'état dans lequel toutes les facultés de l'âme et du corps sont complètement en paix, tranquilles et recueillies, concentrées et parfaitement vigilantes, libres de toute agitation. En beaucoup de leurs écrits, les Pères utilisent l'image de l'étang : tant qu'il y a des rides à la surface, rien ne peut être correctement réfléchi, ni les arbres ni le ciel ; quand la surface est tout à fait calme, le ciel se reflète parfaitement, comme les arbres de la rive, et tout est aussi distinct que dans la réalité.

Une autre image du même genre utilisée par les Pères est celle de la vase qui, tant qu'elle ne repose pas au fond de l'étang, à l'abri de toute agitation, trouble la transparence de l'eau. Ces deux analogies s'appliquent à l'état du cœur humain. « Heureux les cœurs purs car ils verront Dieu » (Mt 5, 8). Aussi longtemps que la vase est agitée dans l'eau, il n'y a pas de vision claire possible, et aussi longtemps qu'il y a des rides sur la surface, les objets qui entourent l'étang ne peuvent s'y refléter sans déformation.

Aussi longtemps que l'âme n'est pas en repos il ne peut y avoir de vision, mais quand la paix nous a permis de nous trouver en présence de Dieu, alors un autre genre de silence, beaucoup plus absolu, intervient : le silence d'une âme qui n'est pas seulement tranquille et recueillie, mais à qui la présence de Dieu impose respect et adoration ; un silence dans lequel, selon les termes de Julienne de Norwich, « la prière unit l'âme à Dieu. »

Épilogue *

Prière pour les débutants

Nous sommes tous des débutants, et je n'ai pas l'intention de vous donner une série de conférences, mais je voudrais partager avec vous certaines des choses que j'ai apprises, en partie par expérience personnelle, et probablement davantage encore par l'expérience des autres.

La prière est essentiellement une rencontre personnelle, une rencontre entre une âme et Dieu, mais pour être vraie une rencontre exige deux personnes qui soient chacune véritablement elle-même. Dans une très large mesure, nous manquons de vérité et si trop souvent, dans notre relation avec lui, Dieu est irréel, c'est que nous croyons nous tourner vers Dieu alors qu'en fait nous nous adressons à quelque chose que nous imaginons être Dieu ; et nous croyons nous tenir en toute vérité devant lui, alors que celui qui se met en avant n'est pas notre être véritable, mais un acteur, un personnage en train de jouer un rôle. En chacun d'entre nous cohabitent beaucoup de personnages divers ; cela peut faire un mélange très riche, mais représenter aussi la rencontre malheureuse de personnalités discordantes.

* Texte tiré d'une série d'émissions télévisées de la BBC.

.us sommes différents selon les circonstances et l'environnement : les diverses personnes que nous rencontrons nous voient sous un jour différent. Un proverbe russe dit : « C'est un lion avec les moutons, mais un mouton avec les lions. » Il y a là une vérité d'expérience et de bon sens : qui ne connaît ce genre de femmes, tout sourires pour la galerie, mais qui, à la maison, sont de véritables terreurs ; ou ce grand patron, brasseur d'affaires ou capitaine d'industrie, qui chez lui n'ose pas élever la voix ?

Quand il s'agit de prier, notre première difficulté est de trouver laquelle de nos personnalités il faut mettre en avant pour rencontrer Dieu. Ce n'est pas simple, car nous sommes si peu habitués à manifester notre être véritable qu'en toute vérité nous ignorons qui il est ; et nous ne savons comment le trouver. Mais si nous nous accordions quelques minutes chaque jour pour réfléchir à nos diverses activités et contacts, nous nous approcherions sans doute beaucoup de cette découverte. Nous pourrions reconnaître le genre de personne que nous étions lors de nos rencontres avec tel ou tel, et quel autre personnage nous étions quand nous avons fait ceci ou cela. Et nous pourrions nous demander : mais quand donc ai-je été véritablement moi-même ? Peut-être jamais, peut-être seulement pendant une fraction de seconde, ou peut-être jusqu'à un certain point en des circonstances particulières, lors de telle rencontre. Cela dit, durant ces cinq ou dix minutes que vous pouvez vous ménager, et je suis certain que tout le monde peut les trouver dans le cours d'une journée, vous découvrirez qu'il n'est rien de plus ennuyeux que d'être laissés seul avec soi-même !

Nous vivons habituellement une sorte d'existence qui n'est qu'un reflet. Non seulement nous sommes successivement, en des circonstances diverses, des personnages différents, mais la vie même qui est en nous appartient trop souvent à d'autres. Si vous regardez en vous-mêmes, et si vous osez vous demander combien de fois vous agissez à partir du noyau même de votre propre personnalité, combien de fois vous exprimez votre être propre, vous vous apercevrez que c'est assez rare. Trop souvent, nous sommes immergés dans ce qui se passe autour de nous, dans tout ce superflu que nous apportent la radio, la télévision, la presse ; mais durant cet instant, ces quelques minutes de concentration, nous devons évacuer tout ce qui n'est pas essentiel à la vie.

Alors, bien sûr, vous courez le risque de vous ennuyer avec vous-même ; parfait, ennuyez-vous. Mais cela ne signifie pas qu'il ne reste rien en nous, car à la racine de notre être nous sommes faits à l'image de Dieu, et ce dépouillement ressemble beaucoup au nettoyage d'une belle fresque ancienne, au décapage de l'œuvre d'un grand maître recouverte au cours des siècles par le barbouillage de gens sans goût qui en masquait la véritable beauté. Au début, plus nous décapons, plus nous faisons disparaître de choses, et il nous semble avoir fait du gâchis là où il existait auparavant au moins une certaine beauté, peut-être pas extraordinaire, mais qui était déjà quelque chose. Et puis, nous commençons à découvrir la véritable beauté que le grand maître avait mise dans sa peinture ; nous avons vu d'abord l'état pitoyable, puis le gâchis, mais en même temps nous pressentons déjà la vision de la beauté authentique. Et nous découvrons que ce que nous sommes, c'est un pauvre être qui a besoin de Dieu ; non pas pour boucher les trous, mais pour le rencontrer.

Essayons donc de le faire, et chaque soir de cette semaine, faisons cette très simple prière :

« Aide-moi, ô Dieu, à me délivrer de tous mes faux-semblants et à trouver mon être véritable. »

C'est souvent dans la souffrance et la joie, ces deux grands dons de Dieu, que nous rencontrons notre être véritable, quand tombent les masques, quand nous devenons invulnérables aux mensonges de la vie et que nous échappons à leur atteinte.

Ensuite il nous faut explorer le problème du vrai Dieu, car il est évident que si nous devons nous adresser à Dieu, ce Dieu doit être vrai. Nous savons tous ce qu'est un directeur pour des écoliers ; quand ils sont appelés chez lui, ils vont chez le directeur et jamais ils ne réalisent avant d'avoir grandi et de ne plus être sous sa coupe que le directeur est un homme. Ils pensent à lui en termes de fonction ; mais cela vide sa personnalité d'homme de toute caractéristique humaine et il ne peut y avoir avec lui aucun contact humain.

Autre exemple : quand un garçon aime une fille, il la pare de toutes sortes de perfections ; mais peut-être n'en a-t-elle aucune, et bien souvent cette personne construite à partir de rien est inexistante, revêtue qu'elle est de qualités artificielles. Là non plus il ne peut y avoir de contact, car le garçon s'adresse à quelqu'un qui n'existe pas. C'est vrai aussi de Dieu. Nous avons une quantité d'images mentales ou visuelles de Dieu, tirées des livres, des églises, de ce que nous disent les adultes quand nous sommes enfants et les prêtres quand nous sommes plus âgés. Trop souvent ces images nous empêchent de rencontrer le Dieu véritable. Elles ne sont pas tout à fait fausses car il y a en elles une part de vérité, et pourtant elles sont parfaitement inadéquates à la réalité de Dieu. Si nous voulons rencontrer Dieu, nous devons d'un côté user de la connaissance acquise soit personnellement soit en lisant ou en écoutant les autres, mais il nous faut aussi aller plus loin.

La connaissance de Dieu que nous avons aujourd'hui est le fruit de l'expérience d'hier et si nous nous situons face au Dieu que nous connaissons, nous tournerons toujours le dos au présent et à l'avenir, ne prêtant attention qu'à notre propre passé. Ce n'est pas Dieu que nous allons rencontrer, c'est ce que nous avons déjà appris de lui. Ceci illustre le rôle de la théologie, car la théologie est la totalité de notre connaissance de Dieu, et non le peu que nous avons déjà personnellement appris et que nous savons de lui. Si vous voulez rencontrer Dieu tel qu'il est réellement, vous devez aller vers lui avec une certaine expérience, laisser cette expérience vous rendre proche de lui, puis l'abandonner pour vous tenir, non devant le Dieu que vous connaissez, mais devant le Dieu à la fois connu et inconnu.

Qu'arrivera-t-il ensuite ? Une chose fort simple : Dieu qui est libre de venir à vous, de se manifester, de répondre à vos prières, le fera peut-être et vous percevrez alors sa présence ; mais il peut aussi choisir de ne pas le faire. Il peut vous donner d'expérimenter seulement son absence réelle, et cette expérience est aussi importante que l'autre, parce que dans les deux cas vous touchez la réalité du droit de Dieu à répondre ou à se taire.

Efforcez-vous donc de découvrir votre propre identité et de présenter votre être véritable dans ce face à face avec Dieu tel qu'il est, après avoir balayé toutes les fausses images, toutes les idoles ; et pour vous aider dans cette quête, pour vous soutenir dans cet effort, je suggère que cette semaine vous fassiez la prière suivante :

« Aide-moi, ô Dieu, à écarter toutes les fausses images de toi, quoi qu'il doive m'en coûter. »

Dans cette quête de notre être véritable, nous pouvons rencontrer non seulement l'ennui, comme je l'ai déjà dit, mais aussi la peur, ou même le désespoir. C'est cette nudité qui nous ramène à la raison ; alors nous pouvons commencer à prier. La première chose à éviter est de mentir à Dieu ; cela semble tout à fait évident, et pourtant nous ne le faisons pas toujours. Parlons franchement à Dieu, disons-lui quel genre de personne nous sommes ; non qu'il ne le sache, mais il y a une grande différence entre savoir que celui que nous aimons sait tout de nous, et avoir assez de courage et d'amour réel de cette personne pour lui dire toute la vérité sur nous-mêmes. Disons ouvertement à Dieu que nous nous tenons devant lui avec un sentiment de malaise, que nous ne voulons pas véritablement le rencontrer, que nous sommes fatigués et préférerions aller nous coucher, mais prenons garde de nous montrer désinvoltes ou présomptueux : il demeure notre Dieu. Cela dit, l'idéal serait de demeurer joyeusement en sa présence, comme lorsque nous sommes avec ceux que nous aimons tendrement, aux moments d'intimité réelle. Mais trop souvent, notre relation avec Dieu n'est pas de ce type. Nous ne nous sentons pas assez joyeux ni intimes avec lui pour être capables de nous contenter de demeurer assis et de le regarder avec bonheur. Puisque nous devons parler, que notre parole soit authentique. Présentons à Dieu tous nos soucis, carrément, puis, lui ayant tout dit afin qu'il l'apprenne de nous, oublions-les et laissons-les lui. Maintenant qu'il sait, ce n'est plus notre affaire : nous pouvons librement penser à lui seul.

L'exercice de cette semaine doit évidemment compléter ceux des semaines précédentes ; il consistera à apprendre à remettre tous nos soucis à Dieu, après nous être présentés en face de lui, et à laisser ensuite de côté ces soucis ; pour nous y aider, répétons jour après jour cette prière si simple et précise qui définira notre façon de nous comporter avec Dieu :

« Aide-moi, ô Dieu, à oublier tous mes problèmes et à fixer mon attention sur toi seul. »

Si nous ne remettions pas nos soucis à Dieu, ils se dresseraient entre lui et nous au cours de notre rencontre, mais nous avons vu que le pas suivant, qui est essentiel, était de les laisser de côté. Nous devrions le faire dans un acte de confiance, assez sûrs de Dieu pour lui remettre les difficultés que nous voulons ôter de nos épaules. Et ensuite ? C'est comme si nous nous étions déchargés, il ne nous reste plus grand-chose, qu'allons-nous faire ? Nous ne pouvons rester vides, car si nous le faisons, nous allons nous laisser envahir par des sentiments, pensées, émotions et réminiscences qui n'ont rien à faire ici. Nous devons, je crois, nous rappeler qu'une rencontre ne doit pas être un monologue de notre

part. Converser ne signifie pas seulement parler, mais
écouter ce que l'autre a à dire. Et pour arriver à cela,
nous devons apprendre à demeurer silencieux ; bien que
cela paraisse peu de chose, c'est un point très important.

Je me souviens d'une vieille dame qui fut l'une des
premières personnes à venir me demander conseil après
mon ordination. Elle me dit : « Père, voilà quatorze ans
que je prie sans relâche et je n'ai jamais ressenti aucune
présence de Dieu. » Je lui répondis : « Lui avez-vous
laissé la chance de placer un mot ? — Oh non, répon-
dit-elle, je lui ai parlé tout le temps, n'est-ce pas cela
prier ? — Non, lui dis-je, je ne pense pas que ce soit
cela, et je vous suggère de prendre quinze minutes
chaque jour, de vous asseoir et de vous tenir silencieuse
face à Dieu. » Ce qu'elle fit. Quel en fut le résultat ?
Elle revint me voir peu après et dit : « C'est extraordinaire, quand je prie Dieu, c'est-à-dire quand je lui
parle, je ne ressens rien, mais lorsque je me tiens assise
paisible, face à face avec lui, alors je me sens envelop-
pée de sa présence. » Vous ne serez jamais capables de
prier véritablement et de tout votre cœur tant que vous
n'aurez pas appris à vous tenir en silence et à vous ré-
jouir du miracle de sa présence, ou si vous préférez, de
ce face à face avec lui, bien que vous ne le voyiez pas.

Trop souvent, après avoir dit ce que nous avions à
dire et être restés assis un certain temps, nous sommes
déroutés : que faut-il faire ? Il nous faut alors, semble-
t-il, utiliser des prières toutes faites. Certains trouvent
cela trop facile, et en même temps jugent dangereux de
prendre pour une véritable prière ce qui n'est que la
répétition de ce quelqu'un d'autre a dit dans le passé.
Effectivement, s'il ne s'agit que d'une mécanique, cela

n'en vaut pas la peine ; mais on oublie qu'il dépend de nous que cette prière soit mécanique ou non, selon l'attention que nous portons aux mots que nous prononçons. D'autres jugent que ces prières manquent de vérité parce que ce n'est pas exactement ce qu'ils voudraient exprimer, qu'elles ne sont pas leurs. C'est vrai en un sens, mais de la même façon que la peinture d'un grand maître n'est pas celle de l'écolier, ni la musique d'un grand compositeur celle d'un débutant ; mais précisément nous allons au concert, nous visitons des musées pour apprendre ce qu'est la vraie musique ou la vraie peinture, pour former notre goût ; et c'est en partie pour cela que nous devons user de prières toutes faites, pour apprendre quels sentiments, quelles pensées, quels moyens d'expression nous devrions employer si nous appartenons à l'Église. Cela nous aide aussi au temps de la sécheresse, quand nous avons peu à dire.

Si nous sommes dépouillés, nus, démunis quand nous nous retrouvons face à nous-mêmes, nous sommes aussi créés à l'image de Dieu et le fils de Dieu qui est en chacun de nous est capable de prier avec les prières les plus nobles et les plus saintes de l'Église. Nous devons nous en souvenir et en faire usage. Je suggère que nous ajoutions aux exercices précédents un temps de silence, trois ou quatre minutes, que nous concluerons par cette prière :

« Aide-moi, ô Dieu, à voir mes propres péchés, à ne jamais juger mon prochain ; et à toi la gloire ! »

Avant d'aborder le sujet de la « prière inexaucée », je voudrais prier Dieu qu'il nous éclaire vous et moi, car c'est un sujet difficile et pourtant vital. C'est l'une des grandes tentations que tous le monde rencontre en chemin, et qui rend la prière si difficile aux débutants, et même aux autres. Il est fréquent que l'on prie en ayant l'impression de s'adresser à un ciel vide ; c'est que, bien souvent, cette prière est infantile et vide de sens.

Je me rappelle ce vieil homme me contant que, lorsqu'il était enfant, il croyait que son oncle possédait un don miraculeux : chaque soir il pouvait ôter les dents de sa bouche et les mettre dans un verre d'eau... Pendant plusieurs mois, le petit pria Dieu de bien vouloir lui accorder ce même don. Il fut plus tard bien aise que Dieu lui ait refusé cette faveur ! Nos prières sont souvent aussi puériles que celle-ci, et bien sûr elles ne sont pas exaucées. Combien de fois lorsque nous prions, nous croyons le faire en toute justice alors que notre prière met en cause d'autres gens auxquels nous ne songeons pas le moins du monde. Ainsi si nous prions pour que le vent gonfle nos voiles, nous ne réalisons pas que pour d'autres cela signifiera la tempête, et Dieu n'exauce pas une requête qui fait tort à notre prochain.

Outre ces deux points évidents, il est un autre aspect, plus profond et plus fondamental de la prière inexaucée : il y a des cas où nous prions Dieu de tout notre cœur pour lui adresser une demande qui, de quelque point de vue qu'on la considère, semble digne d'être entendue, et pourtant seul le silence répond, et le silence est beaucoup plus difficile à supporter qu'un refus. Si Dieu disait « Non », ce serait de sa part une réaction positive, mais le silence c'est, pour ainsi dire, l'absence de Dieu et cela nous conduit à deux tentations : quand notre prière ne reçoit aucune réponse, ou bien nous doutons de Dieu, ou bien nous doutons de nous-mêmes. Pour ce qui est de Dieu, nous ne doutons ni de sa puissance, ni de son pouvoir de faire ce que nous lui demandons, mais de son amour, de l'intérêt qu'il nous porte. Nous lui demandons quelque chose d'essentiel et il ne semble même pas y prendre garde ; où donc est son amour, où est sa compassion ? C'est la première tentation.

Il y en a une autre : nous savons que si nous avions la foi gros comme un grain de moutarde, nous pourrions déplacer les montagnes et quand nous voyons que rien ne bouge, nous pensons : « Est-ce que cela signifie que la foi que j'ai reçue est viciée, fausse ? » Il s'agit encore d'une interprétation erronée, et il est une autre réponse : si vous lisez attentivement l'Évangile, vous n'y verrez qu'une seule prière qui ne fut pas exaucée. C'est la prière du Christ au jardin de Gethsémani. Et pourtant, nous le savons bien, si Dieu a été une fois dans l'histoire personnellement concerné par un homme en prière, c'est bien ce jour-là, quand son Fils allait mourir ; et nous savons aussi que si quelqu'un donna l'exemple de la foi parfaite, c'est bien le Christ. Mais Dieu estima que la foi de la victime divine était assez grande pour supporter son silence.

Dieu refuse de répondre à nos prières non seulement lorsque celles-ci sont indignes mais également lorsqu'il trouve en nous une telle grandeur, une telle profondeur — profondeur et puissance de foi —qu'il peut se reposer sur nous de notre fidélité, même en face de son silence.

Je me rappelle une jeune femme frappée d'une maladie incurable qui, après des années de conscience

de la présence de Dieu, éprouva soudain son absence —
une sorte d'absence réelle — et qui m'écrivit ces mots :
« Priez Dieu, s'il vous plaît, afin que je ne cède jamais
à la tentation de m'inventer un succédané de sa présence plutôt que d'accepter son absence. » Sa foi était
grande. Elle était capable de résister à cette tentation et
Dieu lui donna d'éprouver son absence silencieuse.

Rappelez-vous ces exemples, et méditez-les car un
jour vous aurez certainement à faire face à la même
situation.

Je ne puis vous donner aucun exercice, mais je
voudrais seulement que vous vous rappeliez que nous
devons toujours garder notre foi intacte, aussi bien en
l'amour de Dieu qu'en notre propre foi, sincère et
fidèle ; et quand la tentation nous assaille, disons cette
prière qui est faite de deux phrases prononcées par
Jésus-Christ lui-même :

« Entre tes mains je remets mon esprit,
Que ta volonté soit faite, et non la mienne. »

Quoi que j'aie tenté de faire pour esquisser les prin-
cipales voies d'approche de la prière, cela signifie-t-il
que si vous faites tout ce que j'ai suggéré vous serez
capable de prier ? Certes pas, car la prière n'est pas
simplement un effort que nous pouvons fournir au
moment où nous avons l'intention de prier : la prière
doit être enracinée dans notre vie, et si notre vie contre-
dit nos prières, ou si nos prières n'ont rien à voir avec
notre vie, elles ne seront jamais vivantes ni vraies. Bien
sûr nous pouvons tourner cette difficulté en excluant
de notre prière ce qui, dans notre vie, ne cadre pas
avec elle, toutes ces choses dont nous avons honte ou

qui nous gênent. Mais cela ne résoud rien de façon satisfaisante.

Une autre difficulté que nous rencontrons constamment est celle de tomber dans la rêverie, quand notre prière exprime une tendance au sentimentalisme et n'est pas l'expression de ce qu'est véritablement notre vie. Il est une solution commune à ces deux difficultés : lier la vie et la prière, les faire une, en vivant notre prière Pour nous aider à progresser dans ce sens, les prières toutes faites, dont j'ai déjà parlé, sont particulièrement précieuses parce qu'elles tracent de façon objective et ferme une voie d'approche de la prière. Vous pouvez dire qu'elles ne sont pas naturelles, et c'est vrai en ce sens qu'elles expriment la vie de gens qui nous dépassent de très haut, la vie de vrais chrétiens, mais c'est justement pour cela que vous pouvez en faire usage, vous efforçant de devenir le genre d'homme pour qui ces prières-là sont naturelles.

Vous vous rappelez ces mots du Christ : « Entre tes mains je remets mon esprit. » Bien sûr, cette attitude ne fait pas partie de notre propre expérience, mais si nous apprenons jour après jour à devenir le genre d'homme capable de prononcer ces mots avec sincérité et honnêteté, non seulement nous rendrons nos prières vraies, mais nous nous rendrons nous-mêmes vrais : nous accéderons à notre réalité nouvelle, à la véritable réalité, en devenant les fils de Dieu.

Si vous retenez, par exemple, les cinq prières que j'ai suggérées, si vous prenez l'une après l'autre chacune des demandes de ces prières, et si vous vous efforcez de faire de chacune d'elles le mot d'ordre, le slogan de votre journée, vous verrez que la prière deviendra le critère de votre vie ; elle lui donnera un cadre, mais en même temps votre vie sera soumise à un jugement, contre vous ou en votre faveur, vous démentant lorsque vous prononcez ces paroles ou au contraire affirmant que vous les prononcez en toute vérité. Prenez chaque phrase de chaque prière et faites-en votre règle jour après jour, semaine après semaine, jusqu'à ce que vous soyez devenu le genre d'homme pour qui ces mots sont la vie.

Nous devons nous quitter maintenant ; ce me fut une joie immense d'être avec vous, bien que ne vous voyant pas, mais nous sommes unis dans la prière et dans notre commun intérêt pour la vie spirituelle. Que le Seigneur Dieu soit avec chacun de vous et au milieu de nous pour toujours.

Et avant de nous quitter, je voudrais que nous disions ensemble une courte prière qui nous unira devant le trône de Dieu :

« O Seigneur, je ne sais quoi te demander ; toi seul sais ce que sont mes véritables besoins. Tu m'aimes plus que je ne puis m'aimer moi-même. Aide-moi à voir mes véritables besoins qui me sont cachés. Je n'ose te demander ni croix ni consolation. Je ne puis que t'attendre. Mon cœur est ouvert à toi. Viens à moi et aide-moi par ta miséricorde, frappe-moi et guéris-moi, jette-moi à terre et relève-moi. Je loue en silence ta sainte volonté et tes voies insondables. Je m'offre en sacrifice à toi. Je place toute ma confiance en toi. Je n'ai d'autre désir que d'accomplir ta volonté. Enseigne-moi à prier, prie toi-même en moi. »

AMEN

Table des matières

Introduction 7

   I. L'essence de la prière 9

  II. La prière du Seigneur 23

 III. La prière de Bartimée 53

 IV. Méditation et prière 59

  V. Prière et demande non exaucées 81

 VI. La Prière de Jésus 97

VII. L'ascèse de la prière 103

VIII. La prière du silence 111

ÉPILOGUE : Prière pour les débutants 130

L'impression de ce livre
a été réalisée sur les presses
des Imprimeries Aubin
à Poitiers/Ligugé

Achevé d'imprimer le 20 mars 1978
N° d'édition 6853. — N° d'impression L 10491
Dépôt légal 1er trimestre 1978.

Imprimé en France.

FOI VIVANTE

1 Y. CONGAR**
Jésus-Christ

2 R. VOILLAUME*
A la suite de Jésus

3 J. MOUROUX*
Je crois en Toi :
La rencontre
avec le Dieu vivant

4 B.-M. CHEVIGNARD
La doctrine spirituelle
de l'Evangile

5 R. GUARDINI**
La Messe

6 L. BOUYER*
Le mystère pascal

7 J. JEREMIAS*
Paroles de Jésus :
Le sermon sur la
montagne.
Le Notre-Père

8 A. SERTILLANGES**
La vie intellectuelle

9 A. GEORGE*
A l'écoute
de la Parole de Dieu

10 A.-M. CARRE*
Compagnons d'éternité

11 BERNARD BRO*
Apprendre à prier

12 Th. G. CHIFFLOT*
Comprendre la Bible

13 H. DE LUBAC***
Catholicisme

16 H. URS
VON BALTHASAR***
Dieu et l'homme
d'aujourd'hui

18 Y. CONGAR*
Esquisses du mystère
de l'Eglise

19 H.-M. FERET*
L'Eucharistie,
pâque de l'univers

20 J. GUILLET*
La générosité de Dieu

24 A. GEORGE*
L'Evangile de Paul

25 K. JASPERS**
La situation spirituelle
de notre époque

26 J. MOUROUX*
La liberté chrétienne

27 Y. CONGAR**
Vaste monde,
ma paroisse

28 Th. SUAVET**
Construire l'Eglise
aujourd'hui

29 R. VOILLAUME*
Prier pour vivre

30 A. GELIN*
Les idées maîtresses
de l'Ancien Testament

31 M.-J. LAGRANGE*
La méthode historique :
La critique biblique
et l'Eglise

32 H. URS
VON BALTHASAR**
L'amour seul
est digne de foi

33 L. JERPHAGNON*
Le mal et l'existence

34 J.-M. PERRIN*
Marie, mère du Christ
et des chrétiens

35 M.-D. CHENU*
Peuple de Dieu
dans le monde

36 J. DANIELOU*
L'entrée dans l'histoire
du salut

37 P. GRELOT*
Le ministère de la
nouvelle alliance

38 G. MARCEL**
Foi et réalité

40 R. MARLE*
Bultmann et la foi
chrétienne

41 A. GELIN*
Les pauvres
que Dieu aime

43 L.-J. LEBRET***
Appels au Seigneur

45 H. BOUILLARD*
Connaissance de Dieu

46 G. ROTUREAU*
Amour de Dieu,
amour des hommes

47 A. FEUILLET*
Le discours sur le
pain de vie

48 C. S. LEWIS*
Tactique du Diable

49 F. PASTORELLI**
Servitude et grandeur
de la maladie

51 JEAN XXIII*
Attentifs à Dieu

52 K. BARTH*
La prière

53 R. VOILLAUME*
Frère de tous

55 M.-J. MOSSAND-
G. QUINET***
Profils de prêtres
d'aujourd'hui

56 J.-A. CUTTAT***
Expérience chrétienne
et spiritualité
orientale

57 P.-R. REGAMEY**
Pauvreté chrétienne et
construction du monde

58 L. LOCHET*
Apparitions
Présence de Marie
à notre temps

59 M.-D. CHENU*
Théologie de la matière

60 H. DE LUBAC***
Méditation sur l'Eglise

61 M. THURIAN***
Marie,
mère du Seigneur.
Figure de l'Eglise

62 J. THOMAS**
Croire en Jésus-Christ

63 S. KIERKEGAARD*
Les soucis des païens
Discours chrétiens -
T. I

64 R. GUARDINI*
Vie de la foi

65 CL. JEAN-NESMY*
Pourquoi se confesser
aujourd'hui ?

66 J. MARITAIN***
Humanisme intégral

67 H. DE LUBAC*
Athéisme et sens de
l'homme

68 A.-M. CARRE*
P. CLAUDEL
S. FOUCHE
F. MAURIAC...
Dialogues avec la
souffrance

69 J. BLAUW**
L'apostolat de l'Eglise

70 Y. CONGAR*
Cette Eglise que j'aime

71 Y. CONGAR*
A mes frères

72 R. COSTE***
Evangile et politique

73 K. RAHNER*
Le prêtre
et la paroisse
74 P. CLAUDEL**
Psaumes
75 A. GELIN**
L'homme selon la Bible
76 H. URS
VON BALTHASAR**
La foi du Christ
77 SAVONAROLE*
En prison.
Dernières méditations
78 C. S. LEWIS*
Etre ou ne pas Etre.
Le Christianisme est-il
facile ou difficile ?
79 A.-M. BESNARD*
Un certain Jésus
80 K. BARTH**
Esquisse d'une
dogmatique
81 K. RAHNER**
Dieu dans le Nouveau
Testament
82 O. RABUT**
Dialogue avec
Teilhard de Chardin
83 D. BONHŒFFER*
De la vie
communautaire
84 S. KIERKEGAARD*
Dans la lutte
des souffrances
Discours chrétiens
T. II
85 G. MARCEL*
Etre et Avoir
Journal métaphysique
86 G. MARCEL*
Etre et Avoir
Réflexions sur
l'irréligion et la foi
87 M. MENANT***
Paul parmi nous
88 R. HOSTIE***
Du mythe à la religion
89 J. MARITAIN*
Religion et Culture
90 G. von LE FORT*
La femme éternelle
91 SPIRIDON*
Mes missions en Sibérie
92 J. DELANGLADE***
Le problème de Dieu
93 L. CERFAUX*
La puissance de la foi
94 M. ORAISON*
Psychologie
et sens du péché
95 J. ONIMUS**
Face au monde actuel

96 J. MOUSSE**
Foi en Dieu,
foi en l'homme
97 F. PERROUX***
Le pain et la Parole
98 B. BRO**
PH. DAGONET
A. DAVID
J. DELARUE
Dieu est Dieu,
La Parole de Dieu
à la Télévision
Tome I
99 P. BAUBIN**
PH. DAGONET
A. DAVID
R. GIRAULT
Chrétiens dans le
monde
La Parole de Dieu
à la Télévision
Tome II
100 R. VOILLAUME**
Au cœur des masses
Tome I
101 R. VOILLAUME***
Au cœur des masses
Tome II
102 L. B. GEIGER**
L'Expérience humaine
du mal
103 W. VISCHER*
Ils annoncent
Jésus-Christ.
Les patriarches
104 J.-P. AUDET**
Le projet évangélique
de Jésus
105 G. MARTELET***
Les idées maîtresses
de Vatican II
106 R. PANIKKAR*
L'homme qui devient
Dieu
107 J. MADAULE**
Claudel et
le Dieu caché
108 P. de SURGY**
Les grandes étapes
du mystère du Salut
109 LUTHER*
De la liberté du
chrétien
110 S. de DIETRICH**
Le renouveau biblique
hier et aujourd'hui
Tome I. Qu'est-ce
que la Bible ?
111 S. de DIETRICH**
Le renouveau biblique
hier et aujourd'hui
Tome II. Comment
lire la Bible ?

112 P.-R. REGAMEY*
La croix du Christ
et celle du chrétien
113 A. HAMMAN***
Prières eucharistiques
des premiers siècles
à nos jours
114 PH.-H. MENOUD*
La vie de l'Eglise
naissante
115 R. BULTMANN**
Histoire et eschatolo-
gie
116 M. de CERTEAU***
L'Etranger ou l'union
dans la différence
117 J. DOURNES**
Au plus près des plus
loin
118 P. GRELOT*
Le couple humain
dans l'Ecriture
119 CH. JOURNET*
Connaissance et
inconnaissance de
Dieu
120 J. V. STEINMANN*
Job, témoin de la
souffrance humaine
121 M. BELLET*
La force de vivre
122 E. SCHILLE-
BEECKX*
Dieu en révision
123 E. SCHILLE-
BEECKX*
Le message de Dieu
124 J. AULEN**
Le triomphe du
Christ
125 C. LUGON***
La république
des Guaranis
Les Jésuites au pou-
voir
126 A.-M. CARRE**
Marie Mère du Christ
Mère des hommes
127 L. GARDET***
L'Islam, Religion
et communauté
128 C. S. LEWIS**
Si Dieu écoutait...
129 M. DELBREL***
Ville marxiste,
terre de mission
130 J. DANIELOU
D. FLUSSER
C. GEFFRE, etc.*
Jésus ou le Christ

131 A. LATREILLE ***
L'Église catholique et
la Révolution fran-
çaise (tome I)

132 A. LATREILLE ***
L'Église catholique et
la Révolution fran-
çaise (tome II)

133 E. SCHILLE-
BEECKX
Le Christ, sacrement
de la rencontre de
Dieu

134 S. KIERKEGAARD*
Des pensées qui
attaquent dans le dos
Discours chrétiens,
T. III

135 M. THURIAN **
Mariage et célibat

137 E. JACOB *
Le Dieu vivant

138 H. de LUBAC *
Teilhard et notre
temps

139 J. GUITTON *
La famille et l'amour

140 O. CULLMANN **
Royauté du Christ et
Eglise

141 A. GUILLERAND **
Silence cartusien

142 A.-M. CARRÉ ***
Le Notre-Père
prière du Christ et
des chrétiens

143 V. SION ***
Réalisme spirituel de
Thérèse de Lisieux

144 S. KIERKEGAARD*
Plus grand que notre
cœur
Discours chrétiens,
tome IV

145 A.-M. BESNARD ***
Vie et combats de
la foi

146 C. DE
MEESTER ***
Les mains vides
Le message de
Thérèse de Lisieux

147 L. EVELY***
C'est toi, cet homme

148 D. BARTHELEMY *
Dieu et son image

149 THÉRÈSE DE
LISIEUX ***
Conseils et
souvenirs

150 DANIEL-ROPS ***
Le peuple de la Bi-
ble

151 DANIEL-ROPS ***
Jésus en son temps,
T. I

152 DANIEL-ROPS ***
Jésus en son temps,
T. II

153 DANIEL-ROPS ***
L'Église des Apôtres
et des Martyrs
T. I

154 DANIEL-ROPS***
L'Eglise des Apôtres
et des Martyrs
T. II

155 M.-D. MOLINIÉ ***
Le combat de Jacob

156 Y. CONGAR*
Une passion : l'unité

157 MEREJKOVSKY (B)
Jésus inconnu

158 M.-J. POHIER (B)
Le chrétien, le plai-
sir et la sexualité

159 H. DE LUBAC (B)
Dieu se dit dans l'his-
toire

160 P. FESTUGIÈRE (B)
Le sage et le saint

161 E. BORNE (C)
Dieu n'est pas mort

162 IGNACE
D'ANTIOCHE (B)
Lettres aux églises

163 A. D'HEILLY (C)
Amour et sacrement

164 L. CERFAUX (C)
Une Église charisma-
tique : Corinthe

165 S. AUGUSTIN (C)
Il n'y a qu'un amour
Commentaire de la
Ire épître de S. Jean

166 P. CHRISTIAN (C)
Les pauvres à la
porte

167 C. FORMAZ (C)
A l'école du Christ
souffrant
Journal de malade

168 TH. D'AVILA (C)
Conseils spirituels

169 TH. MERTON (C)
La vie contemplative
dans le monde actuel

170 THÉRÈSE DE
LISIEUX (C)
Pensées I. Une ten-
dresse ineffable

171 THÉRÈSE DE
LISIEUX (C)
Pensées II. Aimer
jusqu'à mourir d'a-
mour

172 THÉRÈSE DE
LISIEUX (C)
Pensées III. Les yeux
et le cœur

173 Sr GENEVIÈVE o. p.
(textes choisis par)
(D)
Le trésor de la prière
à travers le temps

174 R. GUARDINI (C)
Les âges de la vie

175 J. JEREMIAS (C)
Le message central
du Nouveau Testa-
ment

176 TERTULLIEN (C)
Le baptême

177 J. MOLTMANN (D)
Le Seigneur de la
danse

178 B. SCHLINK (D)
Marie. Le chemin de
la Mère du Seigneur

179 P. EVDOKIMOV
Présence de l'Esprit
Saint dans la tra-
dition orthodoxe

180 ETHERIE (C)
Mon pèlerinage
en Terre Sainte

181 A.-J. FESTUGIÈRE
(C)
Socrate

182 A. DUMAS (E)
Des hommes en quête
de Dieu. La règle de
saint Benoît.

183 A. D'HEILLY
Visage de l'homme,
visage de Dieu

184 A.-M. BESNARD
Par un long chemin
vers Toi
Le pèlerinage chré-
tien

185 ANTOINE BLOOM
Prière vivante